Holger Zeigan

Die Bibel
Entstehung – Wirkung – Botschaft

Themenheft für den evangelischen Religionsunterricht in der Oberstufe

Vandenhoeck & Ruprecht

Bibliografische Information der Deutschen Nationalbibliothek

Die Deutsche Nationalbibliothek verzeichnet diese Publikation in der
Deutschen Nationalbibliografie; detaillierte bibliografische Daten sind
im Internet über http://dnb.d-nb.de abrufbar.

ISBN 978-3-525-77660-5
ISBN 978-3-647-77660-6 (E-Book)

Umschlagabbildung: Elena Schweitzer – shutterstock

© 2013, Vandenhoeck & Ruprecht GmbH & Co. KG, Göttingen /
Vandenhoeck & Ruprecht LLC, Bristol, CT, U.S.A.
www.v-r.de
Alle Rechte vorbehalten. Das Werk und seine Teile sind urheberrechtlich geschützt.
Jede Verwertung in anderen als den gesetzlich zugelassenen Fällen bedarf der vorherigen
schriftlichen Einwilligung des Verlages.
Printed in Germany.

Satz: SchwabScantechnik, Göttingen
Druck und Bindung: ✠ Hubert & Co., Göttingen

Gedruckt auf alterungsbeständigem Papier.

Inhalt

Baustein 1: Entstehung der Bibel – Geschichte 5
M 1 Die Vorzeit: Väterreligion der Nomaden 8
M 2 Die Wurzeln: Entstehung des Volkes Israel 9
M 3 Die Blütezeit: Die Könige Saul, David und Salomo 10
M 4 Der Untergang: Zerfall der Teilstaaten 11
M 5 Die Überraschung: Exilszeit und Entstehung des Judentums 12
M 6 Die Entstehung des Alten Testaments 13
M 7 Die Entstehung des Alten Testaments – nach vereinfachtem Modell 15
M 8 Die Kanonbildung des Neuen Testaments 16
M 9 Übersetzungen der Bibel 17

Baustein 2: Exegese der Bibel – Interpretationen der Gegenwart 19
M 1 Historisch-kritische Auslegung 21
M 2 Tiefenpsychologische Auslegung 22
M 3 Feministische Auslegung 24

Baustein 3: Personen der Bibel – Wirkung 26
M 1 König David – Von der historischen Figur zum religiösen Mythos 30
M 2 Jesus – Der Mann aus Nazareth 32
M 3 Historische Erkenntnisse über Jesus von Nazareth 34
M 4 Jesus – Der Prediger aus Galiläa 35
M 5 Jesus – Der antike Heiler 37
M 6 Jesus – Der verkündigte Christus 38
M 7 Paulus – Ein Christ der ersten Stunde 40
M 8 Paulus – Der erste Theologe des Christentums 44

Baustein 4: Botschaft der Bibel – Eschatologie und Zukunft 46
M 1 Die Schöpfung – Bewahren und Hoffen 47
M 2 Die Offenbarung – Preisen und Hoffen 48

Baustein 1:
Entstehung der Bibel – Geschichte

Der Glaube des Alten Testaments und damit der christliche Glaube ist ein geschichtlicher Glaube, der sich im Handeln Gottes an seinem Volk und in der Geschichte entwickelt hat. Dies schlägt sich auch in der Kanonbildung der biblischen Bücher nieder. Mit der Kanonisierung der Schriften ist jedoch die Geschichte der Bibel nicht beendet. In den Übersetzungen der Bibel setzt sie sich letztlich fort.

M 1–5 Die Geschichte Israels

Kompetenzen (vgl. dazu: Kerncurriculum für das Fach Evangelische Religionslehre in der Gymnasialen Oberstufe, hg. vom Kirchenamt der EKD, S. 19–21, sowie Holger Zeigan, Kompetenzorientierung im allgemeinbildenden Religionsunterricht, Religionspädagogische Beiträge 67, 2012, S. 31–43): *Religiöse Zeugnisse verstehen und historische Bedingungen erkennen, alttestamentliche Glaubensformen als Ausdruck existenzieller Erfahrungen verständlich machen (Deutungskompetenzen), Inhalte theologischer Texte adressatenbezogen visualisieren (Methoden-/Gestaltungskompetenz)*

Zum Einstieg:
Ein Lehrervortrag oder ein Schülerreferat über die Landeskunde Palästinas/Israels kann über diesen kleinen, aber religionsgeschichtlich so bedeutsamen Landstrich informieren bzw. bekanntes Wissen reaktivieren.

Zum Erarbeiten:
1. Teilen Sie Ihre Klasse in 5 Gruppen auf.
   Jede Gruppe liest einen der Informationstexte und einigt sich anschließend über alle wichtigen Inhalte des Textes (Diskussionsphase).
2. Stellen Sie nun auf einem Plakat die zentralen Inhalte Ihres Textes in einem Schaubild zusammen.
3. (Fakultativ:) Blättern Sie in der Bibel und überlegen Sie, welche biblischen Schriften über Ihren Zeitraum berichten.
4. Bilden Sie durch ein Gruppenpuzzle neue Gruppen und führen Sie einen Museumsgang durch die Plakatausstellung durch. Die Experten beschreiben ihre Schaubilder.
5. Erörtern Sie, welche Hoffnungsperspektive aus den einzelnen Stationen der Geschichte von Jahwe und dem Volk für den individuellen Glauben erwachsen kann.

Zur Diskussion:
Inwieweit ist der Monotheismus als Fortschritt – Auflösung anthropomorpher und polytheistischer Gottesbilder zugunsten einer aufgeklärteren, transzendenteren Gottesvorstellung – oder als Rückschritt – in Intoleranz und Monotonie – zu bewerten?

Zum Weiterlesen:
Othmar Keel/Christoph Uehlinger, Göttinnen, Götter, Gottessymbole. Neue Erkenntnisse zur Religionsgeschichte Kanaans und Israels aufgrund bislang unerschlossener ikonographischer Quellen, Fribourg [6]2010.
Othmar Keel, Die Geschichte Jerusalems und die Entstehung des Monotheismus, Göttingen 2007.
Israel Finkelstein/Neil A. Silberman, The Bible Unearthed. Archaeology's New Vision of Ancient Israel and the Origin of Its Sacred Texts, New York 2002.
Werner H. Schmidt, Alttestamentlicher Glaube in seiner Geschichte, Neukirchen [8]1996.

M 6/M 7 Die Entstehung des Alten Testaments

Kompetenzen: *Zusammenhänge von Religion und Lebenswelt wahrnehmen und beschreiben (Wahrnehmungskompetenz), den Entstehungshintergrund der Bibel mit dem Wissen über die Geschichte Israels vernetzend entdecken (Fragekompetenz), biblische Texte reflektiert deuten und einordnen (Deutungskompetenz), Folgen theologischer Entscheidungen angesichts ihres historischen Umfelds und hinsichtlich ihrer praktischen Konsequenzen reflektieren (Reflexionskompetenz)*

Zum Einstieg:
Lesen Sie aufmerksam die »Sintfluterzählung« in Gen 6,5–8,19. Beachten Sie: Was ist die Ursache für die Flut, welche Tiere befinden sich in der Arche, was ist

der Grund für das Verlassen der Arche? Fallen Ihnen Eigentümlichkeiten am/im Text (Wiederholungen, Erzählbrüche, etc.) auf?

Zum Erarbeiten:
1. Lesen Sie den Informationstext und markieren Sie wichtige Aussagen.
2. Erstellen Sie in Einzelarbeit eine Übersicht zur »Entstehung des Pentateuch«.
3. Skizzieren Sie in Einzelarbeit, welche theologischen Intentionen die wichtigsten Quellenschriften des Pentateuch verfolgen. Vergleichen Sie Ihre Ergebnisse zu Arbeitsauftrag 2 und 3 mit einem Nachbarn und präsentieren Sie diese.
4. Entscheiden Sie, aus welcher der aufgeführten Quellenschriften des Pentateuch die nachfolgenden Bibelstellen jeweils entstammen, indem Sie die theologische Aussage über Gott in dieser Bibelstelle analysieren: Gen 9,1–7; Gen 12,1–4; Num 16,1–7.
5. Beurteilen Sie die Folgen für den christlichen Glauben, wenn die so genannten Fünf Bücher Mose gar nicht von Mose und auch nicht von einem einzigen Schreiber verfasst worden sind.
6. Fassen Sie die Aussageintention des abschließenden Schaubildes in Stichpunkten zusammen.

Zur Diskussion:
Die biblischen Texte – Gottes Wort oder Menschenwort?

Zum Weiterlesen:
Erich Zenger u. a., Einleitung in das Alte Testament, Stuttgart [7]2008; Holger Zeigan, Es ist noch kein Frommer vom Himmel gefallen. Ein religiöser Dialog im Fahrstuhl, Berlin 2010, S. 33 ff.

M8 Die Kanonbildung des Neuen Testaments

Kompetenzen: *Neugierde auf religiöse Fragen entwickeln und Antwortmöglichkeiten vernetzend entdecken (Fragekompetenz), religiöse Zeugnisse verstehen und historische Bedingungen der Entstehung des Neuen Testaments erkennen (Deutungskompetenz)*

Zum Einstieg:
Erstellen Sie in stiller (!) Einzelarbeit eine Liste von mindestens fünf bis maximal zehn Namen von Musikern, die man kennen muss.

Bilden Sie nach erfolgter individueller Listenerstellung in Partnerarbeit eine gemeinsame Zehner-Liste, anschließend dasselbe in Vierergruppen, Achtergruppen etc., solange bis eine »Klassenliste« von zehn Musikern vorhanden ist. Die Kriterien zur Einigung in einer der Großgruppen sollten im Plenum zur Sprache gebracht und sichtbar notiert werden.

Zum Erarbeiten:
1. Lesen Sie Lk 1,1–4 und untersuchen Sie: Woher hat Lukas seine Informationen? Was veranlasst ihn zum Schreiben? Was will er erreichen? Bearbeiten Sie diese und die beiden nächsten Aufgaben in Kleingruppen.
2. Erklären Sie folgende Fakten zum Zusammenhang von Markus-, Matthäus- und Lukas-Evangelium: Mk ist fast vollständig wörtlich in Lk sowie in Mt wiederzufinden; es gibt viele wichtige Jesus-Sprüche, die sich übereinstimmend bei Lk und Mt finden, nicht aber bei Mk; Mt bietet viele wichtige Passagen, die sich nicht bei Mk oder Lk finden; Lk bietet viele wichtige Passagen, die sich nicht bei Mk oder Mt finden.
3. Lesen Sie Kol 4,16 und überlegen Sie: Zu welchem Zweck wurden diejenigen Briefe verfasst, die sich heute u. a. im Neuen Testament finden?
4. Betrachten Sie das Schaubild und erläutern Sie in Einzelarbeit: Welche ist die älteste, welche die jüngste Schrift des Neuen Testaments? Welche Schriftengruppen finden sich im Neuen Testament? Wann kam es zur Kanonbildung des Neuen Testaments? Wodurch wurde sie möglicherweise veranlasst? Welche Vorläufer des neutestamentlichen Kanons gab es? Warum wurden nicht alle zur Verfügung stehenden Evangelien aufgenommen, warum nicht der recht alte Klemensbrief?
Vergleichen Sie Ihre Ergebnisse mit einem Nachbarn und präsentieren Sie anschließend Ihre Ergebnisse im Plenum. Vergleichen Sie noch einmal die Kriterien Ihres »Klassen-Musiker-Kanons«.
5. Formulieren Sie den Vortrag eines Theologieprofessors zum Stichwort »Bibelentstehung«.

Zur Diskussion:
Inwieweit hilft das Wissen über die Entstehung der Bibel weiter, um den Sinn der Bibel zu entschlüsseln? Wenn wir die Entstehungshintergründe kennen, kennen wir dann Gottes Wort?

Zum Weiterlesen:
Bruce M. Metzger, Der Kanon des Neuen Testaments. Entstehung, Entwicklung, Bedeutung, Düsseldorf 2012.

M9 Übersetzungen der Bibel

Kompetenzen: *Sprachliche Ausdrucksformen des Christentums wahrnehmen (Wahrnehmungskompetenz), christliche Sprachformen verstehen und vergleichen (Deutungskompetenz), einen eigenen Standpunkt hinsichtlich sprachlicher Ausdrucksformen beziehen (Urteilskompetenz)*

Zum Einstieg:
Können Sie (noch) das Vater Unser auswendig?

Zum Erarbeiten:
1. Beschreiben Sie, welche Ziele die Übersetzungen von Matthäus 6 primär verfolgen.
2. Vergleichen Sie die Übersetzungen hinsichtlich Wortvokabular, Sprachform, Satzbau.
3. Prüfen Sie, welche Sätze und Begriffe der Übersetzungen Sie als unverständlich, als inakzeptabel, als ansprechend bewerten.
4. Erstellen Sie auf der Grundlage der Interlinearübersetzung einen eigenen Text.

Zur Diskussion:
Was ist bei einer Übersetzung wichtiger: Texttreue oder Verständlichkeit?

Zum Weiterlesen:
Monika Kuschmierz, Handbuch Bibelübersetzungen. Von Luther bis zur Volxbibel, Gütersloh 2007.

M 1 Die Vorzeit: Väterreligion der Nomaden

Die Religion der Israeliten gründet auf dem Glauben an den »Gott der Väter« bei den Nomaden des 2. Jahrtausends v. Chr., die als Kleinviehhirten durch die Steppen des Vorderen Orients zogen. In Sippen lebten sie zusammen und verehrten ihre Götter. Dabei hatte jede Sippe zunächst ihre eigene Gottheit, die sich einst dem Sippenanführer offenbart und ihn damit für seinen Rang legitimiert hatte. Diese Gottheiten blieben zumeist namenlos, man nannte sie »Gott deines Vaters« oder »Gott deiner Väter« – Bezeichnungen, die wir im Alten Testament häufig finden. Zwecks Verteidigung organisierten sich die Sippen bisweilen in größeren Stämmen, denen ein Stammesführer oder der Stammesvater vorstand. Die Sippenreligionen und die Sippengottheiten wurden dabei zu einer Stammesgottheit vereinigt, benannt nach dem Stammesvater: »Gott Abrahams« oder »Gott Isaaks«.

Eine solche Verschmelzung war möglich, weil die Gottheiten der Wanderhirten nicht ortsgebunden waren. Sie wurden nicht an einem Heiligtum oder einem Heiligen Ort verehrt. Vielmehr herrschte eine personale Bindung der Menschengruppe an ihre Gottheit, die von Weideplatz zu Weideplatz mitwanderte, den rechten Weg wies, aus Gefährdungen rettete, die Fortpflanzung von Mensch und Tier garantierte. Der Gottesglaube der vorisraelitischen Zeit war davon geprägt, dass er ein treues Verhältnis zwischen Gottheit und Mensch ausdrückt, eine Bindung unabhängig von Ort und Zeit, was religionsgeschichtlich durchaus eine Besonderheit darstellt. Denn die Religionen des Alten Orients waren zyklisch geprägt. Sie erwarteten das Sich-Wiederholende in der Natur und erbaten es sich in Kulthandlungen.

Die Ahnen der Israeliten hingegen glaubten an das verändernde Eingreifen ihrer Gottheiten. Ihr Glaube war linear geprägt und für eine neue Zukunft offen.

Die nomadisierenden Kleinviehhirten waren in den heißen und trockenen Sommermonaten gezwungen, in dem von Bauern kultivierten Land über den Zugang zu Wasserstellen zu verhandeln. Mit der Zeit lernten sie die Vorteile einer Sesshaftwerdung schätzen. So siedelten sich die Nomadenstämme nacheinander in den noch unbewohnten Gegenden an. Die verschiedenen Stammesgottheiten wurden miteinander identifiziert und erschienen als *eine* gemeinsame Gottheit: als der »Gott deines Vaters, der Gott Abrahams, der Gott Isaaks und der Gott Jakobs« (vgl. Ex 3,6). Jetzt kam die nomadische Väterreligion in Kontakt mit einer Kulturreligion, die ihre Götter an Heiligtümern oder Heiligen Stätten verehrte.

Die sesshaften Hirten übertrugen deren Namen (»El«) auf ihren namenlosen Gott der Väter, setzten deren Taten und Zuständigkeiten mit Erzählungen über ihre Gottheit gleich, kurz: vermischten erfolgreich die Gottesvorstellungen. Dabei dürften die sinnenfreudigen Götterfeste der Kulturlandbewohner, die im Wechsel der Natur, in Fruchtbarkeit, Gedeihen und Vergehen ihre Götter am Werk sahen, einigen Eindruck auf die ehemaligen Nomaden gemacht haben.

M2 Die Wurzeln: Entstehung des Volkes Israel

Im späten 2. Jahrtausend v. Chr. begegneten sich in Palästina mehrere Gruppen, deren Gottesglaube nicht mit fixierten heiligen Orten oder großen Statuen verbunden war, sondern die ihre Gottesvorstellung auf die besondere und exklusive Bindung zwischen einer Gottheit und einer Menschengruppe gründeten. Allmählich sesshaft werdende Nomaden verehrten ihre Gottheiten als begleitenden und nicht an Heiligtümer gebundenen Gott. Auch eine Gruppe von Hebräern, die einst in Ägypten als Fronarbeiter gelebt hatten und in der Regierungszeit des Pharaos Ramses II. (13. Jh.) aus Ägypten in Richtung Osten geflohen waren, kamen mit einer exklusiven Bindung an eine Gottheit nach Palästina. Es handelt sich dabei um die inschriftlich belegten Hapiru (= Hebräer).

Ein Ägypter namens Mose (vgl. den ägyptischen Namen Thutmosis) hatte sie wohl bei ihrer Flucht geführt. Die bekannten Erzählungen von den Plagen und vom Durchzug durchs Schilfmeer verarbeiten dieses Ereignis und bewahren die Erinnerung an die Gottesvorstellung der Gruppe. Ihr Gott hat sich erwiesen in einer Tat, einer Hilfe, einer Befreiung: »Gott, der das Volk aus Ägypten herausführte« (vgl. Ex 20,2). Diesen Überlieferungsstrang nennt man die Exodustradition.

Daneben tritt die Sinaitradition. Es handelt sich um die Überlieferung von einem Berg- und Wettergott, der den Namen Jahwe (sprich: Jachwee) trug. Er gab sich in Wetterphänomenen wie Stürmen oder Erdbeben zu erkennen und war den Wüstenbewohnern für ihre Nahrung verantwortlich. Während ihrer Flucht ist die Mose-Gruppe wohl auf den Gott Jahwe getroffen, hat seinen Namen, der für Fürsorge steht, übernommen und die Traditionen der Befreiung aus Ägypten und der Gottesoffenbarung am Berg Sinai (Exodus 19 und 20) mit nach Palästina gebracht.

Nach der Darstellung des Alten Testaments eroberte die Gruppe das Land Palästina unter Josua im Sturm. Archäologische und außerbiblische Daten widersprechen diesem Bild. Historisch scheint es eher so gewesen zu sein, dass sich zwischen dem 14. und dem 12. Jh. v. Chr. mehrere semitische und nomadische Stämme in der fruchtbaren Jordanebene ansiedelten, wo bereits eine Vielzahl kanaanäischer Stadtstaaten als Zwergstaaten ohne größere politische Bedeutung existierten. Die älteste schriftliche Bezeugung Israels findet sich außerhalb der Bibel: Auf einer Stele des Pharaos Merenptah (um 1208 v. Chr.) heißt es u. a.: »(Das Volk) Israel ist verwüstet […]«. Bereits im 13. Jh. muss also eine Menschengruppe existiert haben, die sich als Israel bezeichnete oder bezeichnen ließ. Vermutlich handelte es sich dabei um einen lockeren Verband solcher Stämme, die einen gemeinsamen Gott »El« verehrten (daher möglicherweise der Name Isra-el). Als eine politische Einheit verstanden sie sich wohl eher noch nicht, geeint wurden sie durch den Glauben an dieselbe Gottheit. Nur bei kriegerischen Verwicklungen mit kanaanäischen Nachbarn schlossen sich die betroffenen Stämme zusammen, um einander Waffenhilfe zu leisten. Hierbei spielten charismatische Heldengestalten und Stammesführer eine Rolle, die auch Eingang in das Alte Testament gefunden haben; die herausragenden sind wohl Ehud, Gideon und Jiftach, auch eine Frau – Debora – wird genannt, die letzte bedeutende Gestalt scheint Samuel gewesen zu sein, der offensichtlich prophetische und priesterliche Funktion für alle Stämme ausfüllte.

M3 Die Blütezeit: Die Könige Saul, David und Salomo

Etwa um 1050–1000 v. Chr. – als in Palästina mehrere israelitische Stämme in einem losen Verbund lebten – wuchs der Wunsch, diesen Verbund nach außen hin als einheitlich zu demonstrieren. Denn infolge einer Schwächephase der Großreiche in Ägypten und Mesopotamien war in Palästina ein Machtvakuum entstanden und es kam zu kriegerischen Auseinandersetzungen kleinerer Völker in diesem Raum. Auf Seiten der israelitischen Stämme tat sich dabei ein Offizier namens Saul besonders hervor. Deshalb wählte man ihn zwecks Organisation eines Abwehrkrieges gegen die militärisch überlegenen Philister zum König.

Gemeinsam mit seinem Sohn Jonathan baute Saul ein stehendes Heer der israelitischen Stämme auf. Es gelang ihm über mehrere Jahre hinweg, den Angriffen der Philister zu widerstehen. Doch in einer Schlacht um 1005 v. Chr. wurde das Heer der Israeliten vernichtend geschlagen, Saul und Jonathan fanden den Tod. Sauls Sohn Ischbaal galt in den übrig gebliebenen Stämmen als Nachfolger Sauls.

Es gleicht einem Wunder, dass es nicht lange nach dieser Katastrophe einem Mann namens David gelang, die Philister zu besiegen und ein Großreich zu begründen, dessen Dynastie beinahe 500 Jahre den Thron behielt. Der Reihe nach: David, aus dem Stamm Juda, machte sich einen Namen als Kommandant einer Freischar unter Saul, verscherzte es sich jedoch mit dem König und gründete eine Söldnertruppe, mit der er sich eine militärische Hausmacht aufbaute.

Nach der Niederlage Sauls ließ sich David zum Stammeskönig von Juda ausrufen.

Durch politisches und militärisches Geschick bzw. Kalkül beseitigte David alle Nachfolger Sauls, befreite die Stämme von den Philistern und erweiterte sein Königtum auf alle Stämme der Israeliten. David eroberte die alte kanaanäische Stadt Jerusalem und machte sie zu seiner Hauptstadt, weil sie auf neutralem Gebiet gelegen war zwischen den eher David zugeneigten Südstämmen und den saulfreundlichen Nordstämmen.

Auf Jerusalems Kultberg, dem Zion, verehrten Kultpriester eine Sonnengottheit. Unter David hielt dort auch die Huldigung des an vielen Orten in Palästina verehrten Sturm- und Kriegsgottes Jahwe (sprich: Jachwee) Einzug, den sich David wohl als persönlichen Kampfgott erwählt hatte. Spätestens unter Davids Sohn Salomo errichtete man dort einen eindrucksvollen Tempel zur Verehrung der Götter. Hier liegen die Wurzeln der so genannten Ziontradition, wonach der Gott Israels auf dem Jerusalemer Tempelberg zu verehren ist. Daneben entwickelte sich eine Messiastradition, die eng mit dem militärisch erfolgreichen und kultisch bedeutenden König David verknüpft ist. Sie besagt, dass Gott eine Gestalt mit politischer und religiöser Vollmacht senden wird, der die Einheit und Existenz des Gottesvolks sicherstellt und zur Vollendung führt.

Nach Davids Tod erbte dessen Sohn Salomo die Königswürde. Auf friedlichem Weg konnte er das israelitische Reich konsolidieren. Kulturell war seine Regierungszeit eine Blüteperiode. Die verbreitete Beherrschung der Schrift ist hierfür ein Beispiel. In Salomos Zeit dürften viele Erzählungen entstanden sein, die später Eingang in das Alte Testament gefunden haben.

M4 Der Untergang: Zerfall der Teilstaaten

Das Königreich der Israeliten bestand genau genommen aus zwei Kernterritorien: dem verhältnismäßig eigenständigen Stamm Juda im Süden und den übrigen Stämmen im Norden. Nach dem Tod König Salomos um 926 v. Chr. folgte dessen Sohn Rehabeam auf dem Thron. Der Stamm Juda, aus dem Salomo und Rehabeam stammten, erkannte ihm die Königswürde zu, die nördlichen Stämme jedoch verweigerten dem neuen König die Gefolgschaft und wählten aus ihren Reihen Jerobeam zum eigenen König. Damit zerfiel das Reich der Israeliten in zwei Territorialstaaten.

Im Südreich Juda bildete Jerusalem weiterhin das politische und religiöse Zentrum. Hier entfaltete sich die so genannte Ziontradition: Der Jerusalemer Tempelberg, der Zion, wurde zum Zentrum aller kultischen Handlungen zur Verehrung des israelitischen Gottes. Im Südreich blieb die von König David und seinem Sohn Salomo begründete Dynastie bald 500 Jahre lang an der Macht.

Eine solche politische Stabilität fehlte dem Nordreich, genannt Israel. Hier gab es immer wieder blutige Thronfolgewirren mit Putschversuchen und Konterrevolutionen. Nur zwei Mal gelang es je einer Familie kurzfristig, die Macht an sich zu reißen: Omri begründete eine Dynastie, die zwischen 881 und 845 Bestand hatte, Jehu und seine Nachfahren regierten von 845 bis 746. Das Land war agrarisch geprägt. Die Bevölkerung bestand weitgehend aus Bauern und Viehzüchtern. Im religiösen Bereich bedachte man vor allem die Vätertradition, also die Erzählungen über den Viehhirten Abraham. Weil es im Nordreich an einem Tempelheiligtum wie in Jerusalem fehlte, wurden die traditionsreichen Heiligen Orte Beth-el und Dan zu königlichen Staatsheiligtümern erhoben. Kultbilder Gottes wurden dort aufgestellt. Möglicherweise wird diese Episode in der Geschichte vom goldenen Kalb (Ex 32) verarbeitet. Auch Fruchtbarkeitskulte um den Gott Baal oder um weibliche Fruchtbarkeitsgöttinnen wurden gepflegt. Hier im Nordreich traten die ersten Propheten auf.

Amos beispielsweise klagte radikal die sozialen Missverhältnisse an. Wenn man nicht umkehre, werde das Nordreich von Gott vernichtet werden. Der Prophet Hosea kritisierte den Baalskult und die Verehrung von Stierbildern in Beth-el und Dan. Auch er kündigte den Untergang des Nordreiches an.

In der Mitte des 8. Jhs. v. Chr. versuchten sich die Assyrer an der Errichtung eines Weltreiches. Diesem Plan fiel im Jahre 722 das Nordreich endgültig zum Opfer, nachdem es schon vorher zu einem tributpflichtigen Vasallen der Assyrer geworden war. Jetzt gliederten die Assyrer das Nordreich als Provinz in ihren Staat ein, siedelten dort Landsleute an und deportierten Teile der israelitischen Bevölkerung als Sklaven. Das Nordreich hörte damit auf zu existieren. Die Reden und Aktionen vieler Propheten, deren Ankündigungen nun Wahrheit geworden waren, hielt man in Büchern fest, die sich heute im Alten Testament finden. Auch im Südreich Juda waren einige Propheten – wie Jesaja, Jeremia, Micha – aufgetreten. Ihnen fehlt jedoch die Härte der sozialen Anklage eines Amos oder Hosea. Sie heben vielmehr auf Glanz und Gerechtigkeit Gottes ab. Sehr anschaulich beschreiben sie die kultischen Zustände im Jerusalemer Tempel.

Als im späten 7. Jh. die militärische Macht der Assyrer schwand, traten die Babylonier an ihre Stelle. Zidkija, König im Südreich, widersetzte sich den neuen Machthabern im Vorderen Orient, obwohl er u. a. von dem Propheten Jeremia davor gewarnt worden war.

In einer Strafaktion zerstörte der babylonische König Nebukadnezar Jerusalem und den Tempel und deportierte die Oberschicht Judas nach Babylonien, wo er sie in einer eigenen Kolonie ansiedelte.

M5 Die Überraschung: Exilszeit und Entstehung des Judentums

Aufgrund archäologischer Funde wissen wir heute, dass der Gott Jahwe (sprich: Jachwee) im Palästina des ausgehenden 7. Jhs. v. Chr. als Nationalgottheit des israelitischen Reiches verehrt wurde. Daneben finden sich aber auch Kulte für eine weibliche Göttin namens Aschera sowie für verschiedene assyrische Gottheiten. Unter König Joschija (639–608) renovierte man den Jerusalemer Tempel aufwändig und entfernte unter dem Einfluss einer Bewegung, die nur Jahwe allein verehren wollte, assyrische Kultureinflüsse. Doch bereits im Jahre 587 wurde Jerusalem mitsamt dem Tempel nahezu vollständig von den Babyloniern zerstört. Das Volk der Israeliten verlor damit sein religiöses Zentrum und seine politische Eigenständigkeit, die erst im Jahre 1948 durch die Gründung des Staates Israel wieder vollständig hergestellt wurde.

Nach der Eroberung und Zerstörung Jerusalems durch die Babylonier war das Volk der Israeliten in mehrere Gruppen aufgespalten: Große Teile der Bevölkerung wurden nach Babylonien deportiert, viele Menschen flohen nach Ägypten, einige blieben in Palästina zurück. Die so entstandenen Gruppen der Israeliten außerhalb Palästinas bezeichnet man auch als Diaspora-Gemeinden. Diese hatten nun zwei Möglichkeiten, mit ihrem Glauben an ihren Gott umzugehen: Nahe liegend wäre die Annahme gewesen, dass ihr Gott, der seinem Volk Begleitung und Schutz versprochen hatte, kein einflussreicher Gott sein könne und deshalb nicht mehr als verehrungswürdig gelten würde. Zweifellos gab es Israeliten, die dieser Ansicht waren und von nun an andere Götter anbeteten.

Die andere Möglichkeit war eine »Jetzt-erst-recht-Reaktion«.

Unter den Israeliten suchten sich viele Propheten und Theologen Gehör, die den Untergang ihres Staates nicht durch die Schwäche ihres Gottes erklärten, sondern gerade durch dessen Stärke. Gott habe diesen Untergang herbeigeführt, weil die Israeliten nicht streng genug die Regeln Gottes beachtet haben.

Jetzt, in der Zeit des Exils, entstand die Idee des Monotheismus: Es gibt nur den Gott der Israeliten, der alles auf der Welt regelt und – aus Enttäuschung bzw. zur Strafe – sogar den Untergang seines Volks bewirkt hat. Doch wurde diese Strafe als nur vorübergehend erklärt, die auftretenden Propheten (wie z. B. Ezechiel) verbreiteten eine Heilszusage: Die Zeit des Exils sei zu nutzen für eine Umkehr und Läuterung. Dann werde Gott auch für ein Ende dieser Zeit sorgen.

Im späten 6. Jh. war es dann so weit. Die neuen Machthaber im Vorderen Orient, die Perser unter König Kyrus, erlaubten den Israeliten den Wiederaufbau eines Zweiten Tempels in Jerusalem. Propheten, die jetzt auftraten, wie Haggai und Sacharja, setzten sich mit dem Tempelbau auseinander. Jerusalem und sein Umland bildeten nun eine persische Provinz namens Juda. Deren Bewohner und ihre Glaubensbrüder in der Diaspora blieben untereinander verbunden durch ihre exklusive Zugehörigkeit zum Gottesvolk (äußerlich erkennbar an der Einhaltung von Beschneidung, Reinheitsgeboten und Sabbateinhaltung) sowie ihre Wallfahrten zum Jerusalemer Tempel, der sich nun zum uneingeschränkten Zentrum des Glaubens entwickelte. Er wurde fortwährend ausgebaut und erst um die Zeitenwende vollendet, kurz bevor die Römer bei ihrer Eroberung Jerusalems im Jahre 70 n. Chr. von diesem wiederum nur noch Ruinen übrig ließen.

M6 Die Entstehung des Alten Testaments

Der Pentateuch/Die Fünf Bücher Mose/Die Tora
»Pentateuch« ist die Bezeichnung für die Fünf Bücher Mose: gr. *penta* bedeutet »fünf«, gr. *teuch* steht für »Schriftrolle«. Wie sich an offenkundigen Spannungen oder Wiederholungen im Text feststellen lässt, stammt der Pentateuch nicht von einer Person. Die ältesten Textbestandteile gehen bis in das 2. Jahrtausend v. Chr. zurück, jüngere Texte wurden im 6. Jh. v. Chr. verfasst. Dass der Pentateuch (von Genesis 1 bis Deuteronomium 34) seine heutige Gestalt im 5. Jh. v. Chr. erhalten hat, ist weitgehender Konsens der theologischen Wissenschaft. Seitdem gilt er dem Judentum als »Tora«, als grundlegendes Gesetz und Zentrum der jüdischen Religion.

Es lassen sich mehrere sehr alte Erzählkreise rekonstruieren: die zweite Schöpfungsgeschichte, der Abraham-Sara-Erzählkranz, der Jakobzyklus, die Josefnovelle, Stränge aus der Erzählung vom Auszug aus Ägypten sowie aus der Sintflutgeschichte. Als im späten 8. Jh. v. Chr. der Nordteil des zweigeteilten Reiches der Israeliten von den Assyrern erobert worden war, sammelte man im Süden die im Umlauf befindlichen Erzählungen und vereinte sie zu einem »Geschichtswerk«, das den theologischen Zweck verfolgte, die wichtige Bedeutung des israelitischen Gottes Jahwe für die Entwicklung des Volks hervorzuheben. So entstand aus mehreren älteren Erzählungen ein frühes theologisches Werk, das beschrieb, wie Jahwe sich von der Schöpfung über die Segnung Abrahams und den Auszug aus Ägypten bis zur Rückkehr des Volkes Israel ins gelobte Land um sein Volk kümmerte. Dieses »Geschichtswerk« hat die zuvor unabhängig voneinander tradierten Erzählkränze der Anfangszeit Israels in der Weise miteinander verknüpft, dass es die Anwesenheit des Volkes Israel in Palästina als Wille des Gottes Jahwe und als Ziel der gemeinsamen Geschichte dieses Gottes mit seinem Volk beschrieb. Es hat so einen geschichtstheologischen Entwurf konzipiert, der die Identität Israels an dem Handeln Gottes in der Geschichte Israels festbindet. Aus den kleineren Erzählkränzen, die ein Eingreifen Gottes in einzelnen Ereignissen sahen, wurde so ein übergreifendes »Geschichtswerk«, das Jahwes Handeln als fortwährenden Beistand in Israels Geschichtslauf zwischen den Völkern des Orients interpretierte.

Dieses »Geschichtswerk« will so etwas wie eine »Jahwe-allein-Verehrung« etablieren im Gegenüber zur durchaus attraktiven Kultur der assyrischen Götterverehrung.

Im 7. Jh. v. Chr. kündigte sich allmählich auch der Untergang des übrig gebliebenen Südreiches der Israeliten an. Angesichts der drohenden Katastrophe verfassten Jahwe-Priester ein in höfischer Sprache gehaltenes und weisheitlicher Tradition verpflichtetes Werk, das als eine Art »Testament des Mose« niedergeschrieben wurde: das Deuteronomium (Dtn) oder Fünftes Buch Mose. Es finden sich darin vielfältige Vorschriften und Rechtstexte zum angemessenen Verhalten, die auf eine brüderliche Gesellschaft abzielen. Alle künftigen Generationen sollten daran gemessen werden, wie sie sich zu den idealisierten Ansprüchen des Dtn verhalten.

Eine zentrale Forderung betrifft die rechte Gottesverehrung. In Dtn. 6,4 heißt es: »Jahwe ist unser Gott, Jahwe ist einer.« Verlangt ist also eine ausschließliche Bindung des Volkes an Jahwe. Dies ist wohl noch nicht monotheistisch zu verstehen. Denn die Existenz anderer Götter wird hier nicht geleugnet. Jedoch wird die Forderung nach ausschließlicher Verehrung Jahwes in Jerusalem deutlich.

Der Untergang des israelitischen Reiches und das Leben der Überlebenden im Exil in Babylonien (6. Jh. v. Chr.) riefen eine tiefgründige theologische Betrachtung der Gründe für diese Katastrophe hervor. Wollte der Gott Jahwe nicht mehr Beschützer des Volks sein? Oder war er zu schwach? Oder wünschte er die Katastrophe? Aus diesem theologischen Nachdenken heraus erwuchs ein »exilisches Geschichtswerk«, das nun von der Schöpfung bis zur Katastrophe im Jahre 587 v. Chr. reichte. Der Untergang wurde erklärt als Strafe für die Sünden Israels, für die Missachtung der im Dtn formulierten Forderungen. Ebendiese benutzte das exilische Geschichtswerk als Deutekategorie für die Bewertung der Geschichte Israels, die nicht nach objektiven Maßstäben vorgenommen wurde, sondern nach den Kategorien des Gehorsams gegenüber dem Gesetz des Dtn oder des Ungehorsams. Durch die Jahrhunderte hindurch werden im exilischen Geschichtswerk das Volk bzw. seine Vertreter darauf geprüft, ob sie gegenüber den Vorschriften des Dtn Gehorsam oder Ungehorsam zeigten, insbesondere hinsichtlich eines Abfalls zu anderen Göttern. Deshalb wurde beispielsweise die Geschichte vom Goldenen Kalb als Ur-Abfall von Jahwe gezeichnet.

Parallel dazu formulierten überlebende Priester eine Schrift, die in verschiedenen Erzählungen beschrieb, dass Jahwe nicht nur ein mächtiger, das Volk der Israeliten auch nach der Katastrophe begleitender Gott ist und bleibt, sondern auch der einzige Gott überhaupt ist. In dieser Priesterschrift erleben wir also die Geburt des Monotheismus.

Ein Beispiel solcher Erzählungen ist die Schöpfungsgeschichte in Genesis 1, die Jahwe als Schöpfer von *allem* beschreibt. Die Priesterschrift stellte eine untrennbare Bindung zwischen dem Volk Israel und dem Weltschöpfergott Jahwe auf. Daraus konnte das entwurzelte Volk der Israeliten trotz der Katastrophe des 6. Jhs. die Hoffnung schöpfen, dass Jahwe diese Bindung aufrecht erhält, solange seine Schöpfung erhalten bleibt.

Die Priesterschrift wurde mit den Jahrzehnten sukzessive und in vielen Schritten erweitert. Im 5. Jh. v. Chr. wurden alle hier erwähnten Schriften durch Ineinanderarbeiten zu dem uns vorliegenden Pentateuch verarbeitet.

Francisco Hayez, Die Zerstörung des Tempels von Jerusalem, 1867

M7 Die Entstehung des Alten Testaments – nach vereinfachtem Modell

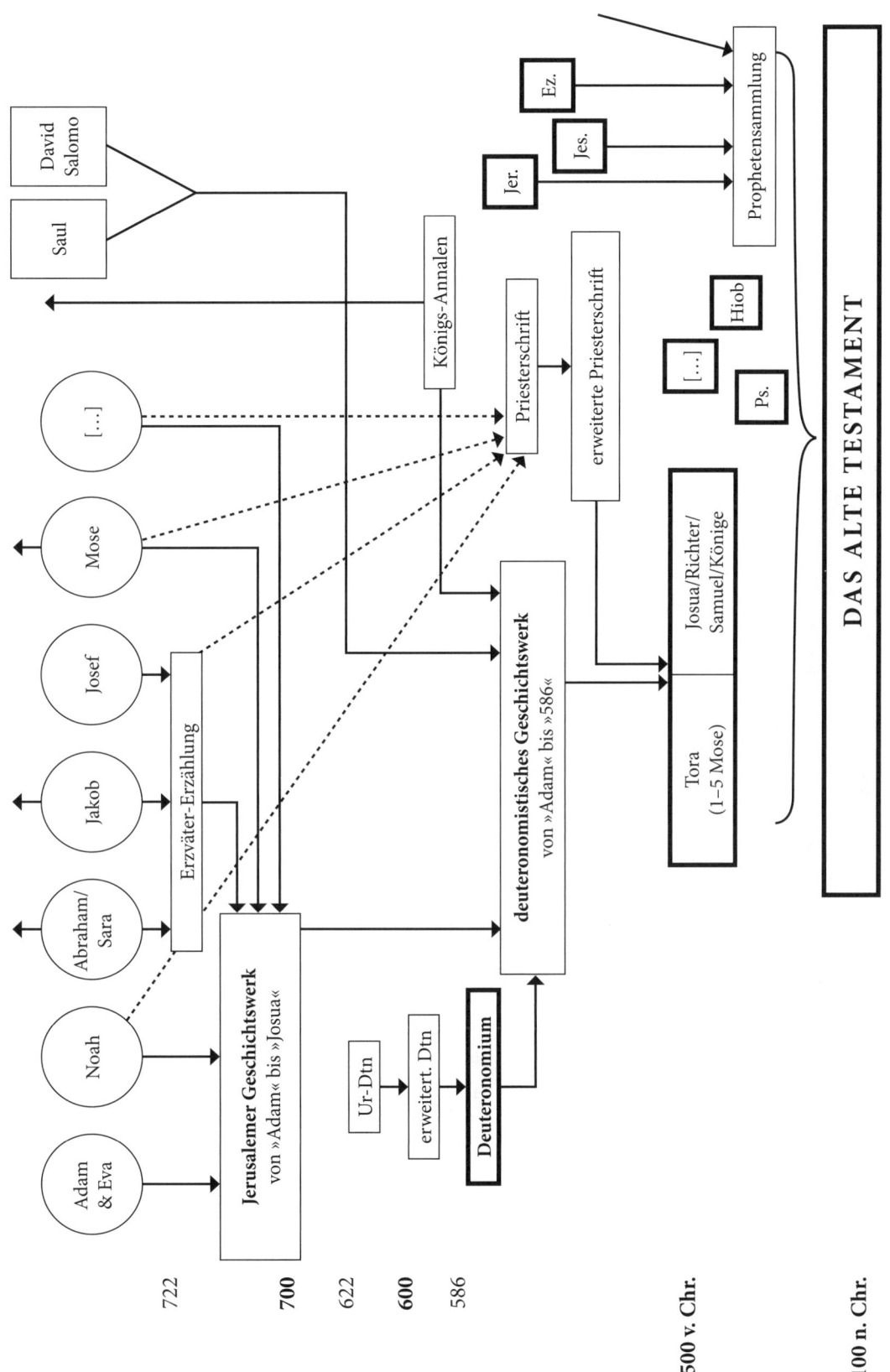

M 8 Die Kanonbildung des Neuen Testaments

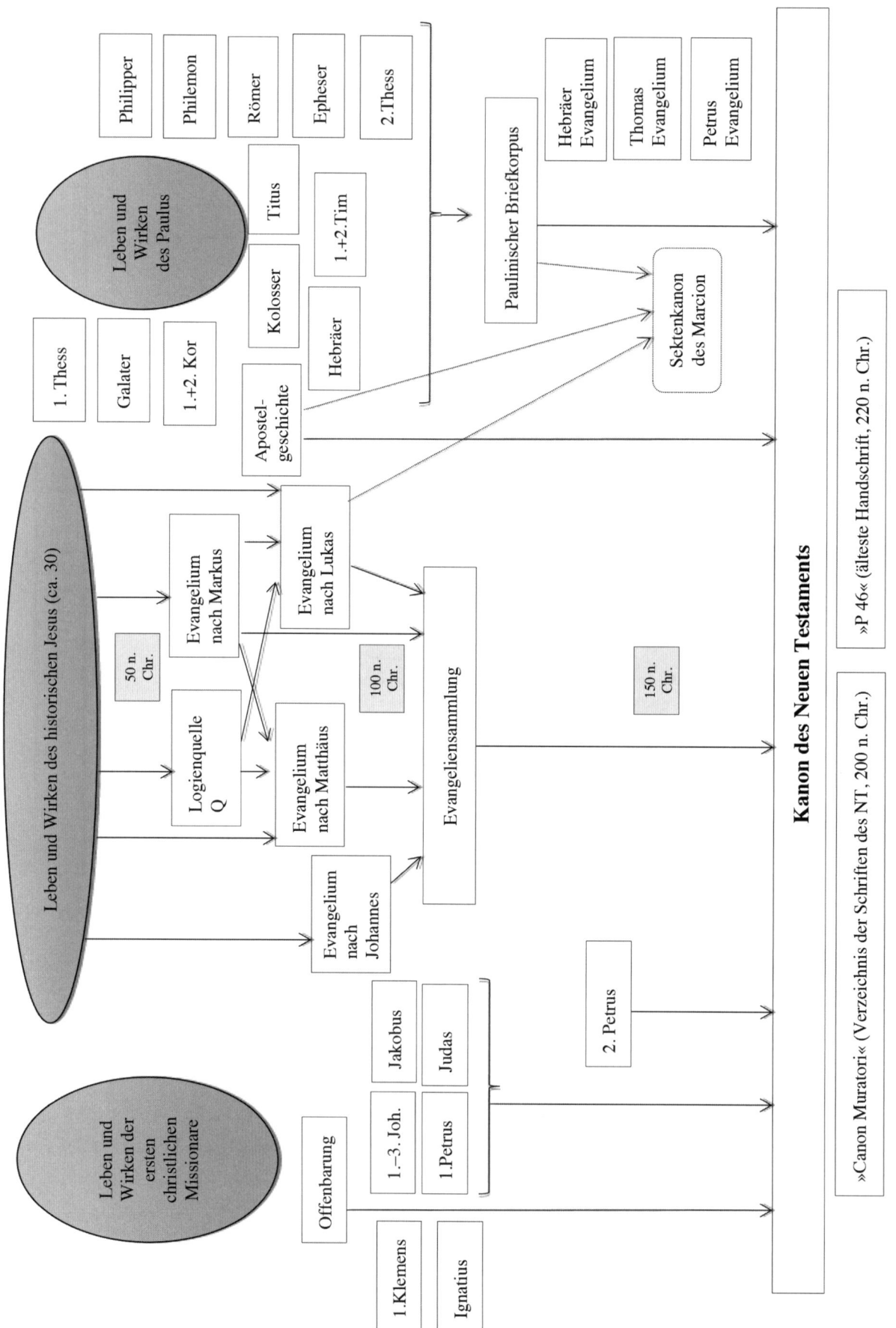

M9 Übersetzungen der Bibel

Revidierte Lutherübersetzung (1984)
Luther sagte, er habe bei der Abfassung seiner Übersetzung dem »Volk aufs Maul geschaut«, also so übersetzt wie die Menschen eben sprachen. Um weiterhin dem Sprachgebrauch angepasst zu bleiben, wurde die Luther-Übersetzung immer wieder angeglichen/revidiert.

7 Und wenn ihr betet, sollt ihr nicht viel plappern wie die Heiden; denn sie meinen, sie werden erhört, wenn sie viele Worte machen. 8 Darum sollt ihr ihnen nicht gleichen. Denn euer Vater weiß, was ihr bedürft, bevor ihr ihn bittet. 9 Darum sollt ihr so beten: Unser Vater im Himmel! Dein Name werde geheiligt. 10 Dein Reich komme. Dein Wille geschehe wie im Himmel so auf Erden. 11 Unser tägliches Brot gib uns heute. 12 Und vergib uns unsere Schuld, wie auch wir vergeben unsern Schuldigern. 13 Und führe uns nicht in Versuchung, sondern erlöse uns von dem Bösen. [Denn dein ist das Reich und die Kraft und die Herrlichkeit in Ewigkeit. Amen.]

Lutherbibel, revidierter Text 1984, durchgesehene Ausgabe, © 1999 Deutsche Bibelgesellschaft, Stuttgart

Volxbibel (2008)
Diese umgangssprachliche Übersetzung wurde im Internet erstellt von jedem, der daran mitarbeiten wollte. Herausgekommen ist eine sehr freie Übersetzung in einer Sprache, wie sie Jugendliche verwenden und verstehen können.

7 Laber deine Gebete nicht so daher wie die Leute, die keine Ahnung von Gott haben. Die glauben doch tatsächlich, wenn sie Gott total zutexten, wird er ihnen schon eine Antwort geben. 8 Hey, euer Papa weiß schon immer vorher, worum es euch diesmal geht und um was ihr ihn bitten wollt. 9 Jetzt mal ein Paradebeispiel, wie ihr beten könnt: ›Hey Papa aus dem Himmel! Es geht darum, dass du und dein Name in dieser Welt ganz groß rauskommen! 10 Du sollst hier das Sagen haben, auf der Erde genauso, wie es da oben im Himmel ja schon immer der Fall war. 11 Hey, versorg uns doch bitte mit allem, was wir heute so zum Leben brauchen! 12 Und verzeih uns die Sachen, wo wir mal wieder Mist gebaut haben. Wir verzeihen auch denen, die bei uns was verbockt haben. 13 Pass auf, damit wir nicht irgendwelchen schlechten Gedanken nachgeben und dir untreu werden. Führe uns nicht in Situationen, wo wir Fehler machen könnten. Rette uns, wenn uns das Böse angreift! So passt es [Amen]!‹

www.volxbibel.de

Gute Nachricht (1997)
Diese Übersetzung ist nicht an originalgetreuer Wiedergabe orientiert, sondern an den Adressaten der Übersetzung. Sie legt Wert auf Verständlichkeit und einfache Sprache, damit normale Gläubige sie lesen können.

7 Wenn ihr betet, dann leiert nicht Gebetsworte herunter wie die Heiden. Sie meinen, sie könnten bei Gott etwas erreichen, wenn sie viele Worte machen. 8 Ihr sollt es anders halten. Euer Vater weiß, was ihr braucht, bevor ihr ihn bittet. 9 So sollt ihr beten: Unser Vater im Himmel! Mach deinen Namen groß in der Welt. 10 Komm und richte deine Herrschaft auf. Verschaff deinem Willen Geltung, auf der Erde genauso wie im Himmel. 11 Gib uns, was wir heute zum Leben brauchen. 12 Vergib uns unsere Schuld, wie auch wir allen vergeben haben, die an uns schuldig geworden sind. 13 Lass uns nicht in die Gefahr kommen, dir untreu zu werden, sondern rette uns aus der Gewalt des Bösen.

Gute Nachricht Bibel, revidierte Fassung, durchgesehene Ausgabe, © 2000 Deutsche Bibelgesellschaft, Stuttgart

Interlinearübersetzung (1998)
Als Hilfsmittel für die wissenschaftliche Arbeit konzipiert, achtet diese Übersetzung auf textgetreue, wörtliche Wiedergabe. Jedes griechische Wort des Neuen Testaments wird in Originalreihenfolge wiedergegeben. Genauigkeit ist das Ziel, nicht Verständlichkeit.

7 Betend aber, nicht plappert wie die Heiden! Sie meinen nämlich, dass wegen ihres Wortschwalls sie werden erhört werden. 8 Nicht also werdet gleich ihnen! Denn (es) weiß euer Vater, woran Bedarf ihr habt vor dem, (dass) ihr bittet ihn. 9 So also sollt beten ihr: Unser Vater, du in den Himmeln, geheiligt werde dein Name! 10 Kommen soll dein Reich, geschehen soll dein Wille, wie im Himmel, (so) auch auf Erden! 11 Unser Brot für den heutigen Tag gib uns heute! 12 Und vergib uns unsere Schulden, wie auch wir vergeben haben unseren Schuldnern! 13 Und nicht führe hinein uns in Versuchung, sondern rette uns vom Bösen!

Ernst Dietzfelbinger. Das Neue Testament. Interlinearübersetzung Griechisch–Deutsch. © Hänssler Verlag, Neuhausen

Bibel in gerechter Sprache (2006)
Sie wurde von Theologinnen und Professoren veröffentlicht, die versuchten, den biblischen Text in moderner und gerechter Sprache wiederzugeben. Das heißt: Der Bibeltext wurde möglichst in geschlechtsneutralen, jegliche Unterdrückung vermeidenden Worten wiedergegeben.

7 Wenn ihr betet, redet nicht endlos wie die Menschen aus den Völkern, die meinen, durch viele Worte erhört zu werden. 8 Passt euch ihnen nicht an, denn Gott, Vater und Mutter für euch, weiß, was ihr braucht, noch bevor ihr darum bittet. 9 So also betet: Du, Gott, bist uns Vater und Mutter im Himmel, dein Name werde geheiligt. 10 Deine gerechte Welt komme. Dein Wille geschehe, wie im Himmel, so auf der Erde. 11 Das Brot, das wir brauchen, gib uns heute. 12 Erlass uns unsere Schulden, wie auch wir denen vergeben, die uns etwas schuldig sind. 13 Führe uns nicht zum Verrat an dir, sondern löse uns aus dem Bösen.

Dr. Ulrike Bail/Frank Crüsemann/Marlene Crüsemann (Hrsg.). Bibel in gerechter Sprache, © 2006, Gütersloher Verlagshaus, Gütersloh, in der Verlagsgruppe Random House GmbH, München

King James Bible (1769)
Diese Übersetzung ist die im englischsprachigen Raum zumeist verwendete. Sie wurde im Jahre 1611 unter König Jakob I. von England zum ersten Mal veröffentlicht.

7 But when ye pray, use not vain repetitions, as the heathen do: for they think that they shall be heard for their much speaking. 8 Be not ye therefore like unto them: for your Father knoweth what things ye have need of, before ye ask him. 9 After this manner therefore pray ye: Our Father which art in heaven, Hallowed be thy name. 10 Thy kingdom come. Thy will be done in earth, as it is in heaven. 11 Give us this day our daily bread. 12 And forgive us our debts, as we forgive our debtors. 13 And lead us not into temptation, but deliver us from evil: For thine is the kingdom, and the power, and the glory, for ever. Amen.

Baustein 2: Exegese der Bibel – Interpretationen der Gegenwart

Die Texte der Bibel, wie jeder andere literarische Text auch, wollen und sollen interpretiert werden. Die Theologie hat mehrere Interpretationsmethoden entwickelt. Deren Vielfalt steht nicht für Beliebigkeit, sondern dafür, dass ein Text – wie auch ein Schloss oder eine Pflanze – aus mehreren Perspektiven betrachtet werden sollte, damit sich alle Facetten entdecken lassen. Verschiedene Zugangsweisen zum Bibeltext eröffnen die Möglichkeit, den Text umfassend für die heutige Zeit auszulegen. Idealerweise ergänzen sich die Zugänge, bisweilen widersprechen sie sich vielleicht auch.

M1 Historisch-kritische Auslegung

Kompetenzen: *biblische Texte methodisch reflektiert auslegen (Methodenkompetenz), einen eigenen Standpunkt beziehen und begründen (Urteilskompetenz)*

Zum Einstieg:
Über Mk 15,28 sowie 16,9–20 gelingt eine einfache Annäherung an die Ergebnisse der Textkritik, des ersten Schrittes der historisch-kritischen Auslegung.

Zum Erarbeiten:
1. Entnehmen Sie dem Schaubild detaillierte Informationen. Stellen Sie auch begründete Vermutungen über die verschiedenen Methoden an.
2. Recherchieren Sie im Internet nach den Methoden der historisch-kritischen Auslegung sowie nach der Geschichte der historisch-kritischen Forschung und präsentieren Sie Ihre Ergebnisse.
3. Lesen Sie aufmerksam Mk 4,1–34 und achten Sie darauf,
   - ob erkennbar ist, wo etwas zusammengefügt wurde, was ursprünglich nicht dorthin gehörte,
   - wo Zusätze vorliegen könnten, die nicht von Jesus stammen und wer warum sie hier zugefügt hat.
4. Beschreiben Sie, welche Kritik an der historisch-kritischen Auslegung in den Zitaten formuliert ist, und beziehen Sie Stellung zur historisch-kritischen Auslegungsmethode.

Zur Diskussion:
Inwieweit ist die Interpretation biblischer Texte Aufgabe der Wissenschaft, inwieweit ist sie »Privatsache«?

Zum Weiterlesen:
Thomas Söding, Wege der Schriftauslegung. Methodenbuch zum Neuen Testament, Freiburg u. a. 1998, S. 85–220.
Karin Finsterbusch/Michael Tilly, Verstehen, was man liest. Zur Notwendigkeit historisch-kritischer Bibellektüre, Göttingen 2010.

M2 Tiefenpsychologische Auslegung

Kompetenzen: *Einfluss von Religion in Welt und Alltag wahrnehmen und beschreiben (Wahrnehmungskompetenzen), Neugierde auf religiöse Fragen entwickeln und vernetzend Antwortmöglichkeiten entdecken (Fragekompetenz), Glaubensdokumente in Beziehung zur eigenen Lebenswelt setzen, Sprachformen des Christentums als Ausdruck existenzieller Erfahrungen verstehen, Bilder hinsichtlich christlicher Motive beschreiben (Deutungskompetenzen), Persönlichkeit durch Herausforderung zu kreativer Auseinandersetzung mit religiösen Themenbereichen entwickeln (Individuationskompetenz)*

Zum Einstieg:
Mit Hilfe eines Schülerreferats über die Tiefenpsychologie nach C.G. Jung lassen sich Grundüberzeugungen erarbeiten, die Voraussetzung dieser alternativen Methode eines Zugangs zum Bibeltext sind.

Zum Erarbeiten:
1. Formulieren Sie Ihre Beobachtungen am Bild und vergleichen Sie dieses mit dem Bibeltext Gen 12,1–4a.
2. Analysieren Sie den Text von Maria Kassel unter folgenden Leitfragen: Welche menschlichen Grunderfahrungen spiegeln sich in der Erzählung über Abraham? Welche Wirkungen kann die Trennung von Heimat und Familie haben? Welche Rolle spielt Gott bei dem Vorgang der Trennung von Heimat und Familie?

3. Erläutern Sie, wie sich die tiefenpsychologische Interpretation von Maria Kassel auf Stationen Ihres Lebens (in Vergangenheit und/oder Zukunft) anwenden lässt.
4. Arbeiten Sie heraus, wo die tiefenpsychologische Auslegung Vorteile, wo sie Nachteile gegenüber der historisch-kritischen Auslegung aufweist.
5. Notieren Sie Ihre Assoziationen zu den Begriffen »Nacht«, »Einsamkeit«, »Fluss«, »Kampf«, »Morgen«, »Name« und proben Sie anschließend eine eigene tiefenpsychologische Auslegung für Gen 32,23–32.

Zur Diskussion:
Verfällt der Bibeltext bei der tiefenpsychologischen Auslegung einer Beliebigkeit?

Zum Weiterlesen:
Eugen Drewermann, Tiefenpsychologie und Exegese, München ²1993.

M3 Feministische Auslegung

Kompetenzen: *theologische Texte sachgemäß erschließen (Methodenkompetenz), einen eigenen Standpunkt hinsichtlich der Auslegungsmethoden beziehen, begründen und an Beispielen oder Konsequenzen konkretisieren (Urteilskompetenz), Grenzen der eigenen Perspektive überwinden können (Kommunikationskompetenz)*

Zum Einstieg:
Ein Einstieg in die Feministische Exegese gelingt über die Junia/s-Problematik in Röm 16,7 mit anschließender Diskussion der Frage, warum Frauenpersönlichkeiten in der Bibel jahrhundertelang in der Verkündigung und im Religionsunterricht keine Rolle spiel(t)en.

Zum Erarbeiten:
1. Fassen Sie den Text zu den Grundlagen der Feministischen Auslegung in eigenen Worten zusammen.
2. Wenden Sie am Gleichnis von dem Richter und der Witwe in Lk 18,1–5 die Hermeneutik des Verdachts an.
3. Setzen Sie sich in einem Antwortschreiben mit der Feministischen Auslegung zu Lk 18,1–5 auseinander.

Zur Diskussion:
Nehmen Sie ausführlich Stellung zu der Aussage »In der Bibel ist Gottes Wort fixiert wie es vor Tausenden Jahren offenbart wurde; eine Interpretation ist unnötig wie unmöglich!« Beziehen Sie dabei wenn möglich folgende Themenkreise ein:
– Bedeutung der Bibel heute,
– angemessener Umgang mit biblischen Texten,
– Schwerpunkte unterschiedlicher Auslegungsmethoden,
– eigene Positionierung gegenüber diesen Methoden.

Zum Weiterlesen:
Elisabeth Schüssler Fiorenza, WeisheitsWege. Eine Einführung in feministische Bibelinterpretation, Stuttgart 2005.

M 1 Historisch-kritische Auslegung

Die Welt, in der die Bibeltexte entstanden sind, ist nicht mehr unsere Welt. Sie ist in der Vergangenheit verloren. Die historisch-kritische Auslegung versucht, diese verloren gegangene Situation zu rekonstruieren:

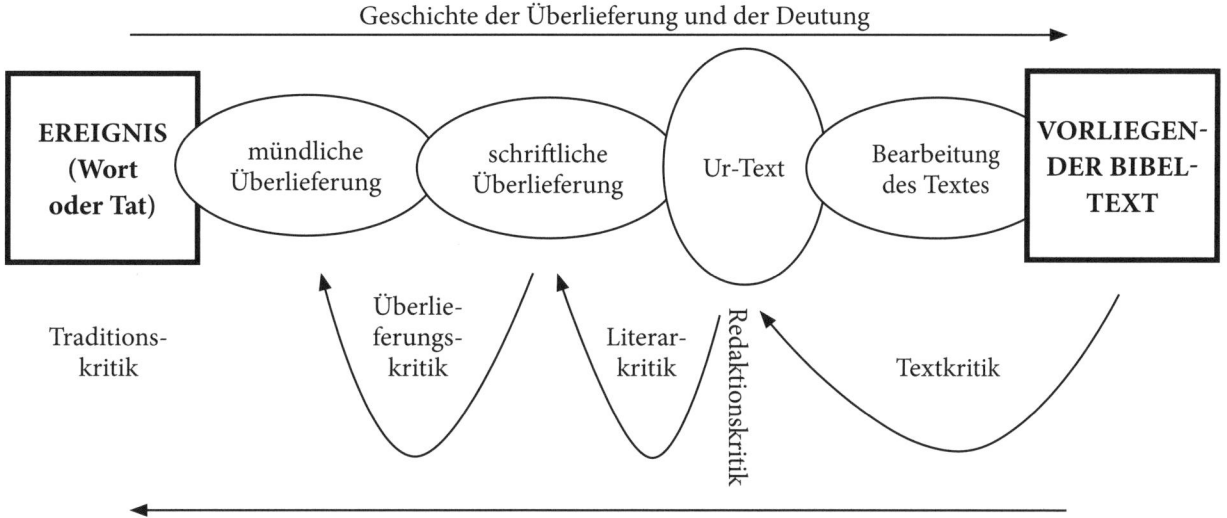

»Die Bibelkritik ist […] bankrott, weil sie die Aufgabe nicht erfüllen kann, die die meisten ihrer Vertreter als ihre Aufgabe ansahen: die Schrift so zu interpretieren, dass die Vergangenheit lebendig wird«. (Walter Wink)

»Die einzelnen Schritte dieser Auslegung sind für mich sehr klar und logisch zwingend dargelegt. Keine Fragen? Nur diese eine, grundsätzliche: Wie kann diese alte Geschichte heute in unserem Alltag noch etwas bewirken? Dies ist eine Anfrage an unsere Phantasie, an unsere schöpferischen Fähigkeiten, ohne die die historisch-kritische Auslegung bloß *l'art pour l'art*, also letztlich wertlos bleibt.« (Rolf Kaufmann)

»Etwas kann sie bestimmt mit ihren Methoden nie feststellen, nämlich Handeln Gottes in der Geschichte. Sie kann immer nur festhalten, was Menschen von Gott geredet, gedacht und geglaubt haben und dass Menschen bestimmte Begebenheiten als Handeln Gottes verstanden. Insofern ist sie prinzipiell atheistisch und steht in Spannung zu den biblischen Texten.« (Ulrich Luz)

M2 Tiefenpsychologische Auslegung

Archetypisch betrachtet, bedeutet die Anrede Gottes an Abraham eine Erfahrung im Zentrum seiner Person, wobei es unwesentlich ist, welche Begebenheiten diese Erfahrung ausgelöst haben. [...]
5 Der Anfang des Abraham-Zyklus ist bestimmt von einem Impuls zu grundlegender Lebensveränderung – »Zieh hinaus!« – und dem Ziel, auf das der Impuls tendiert, der Erweiterung von Lebensmöglichkeiten. [...] In der psychischen Tiefendimension spielt sich
10 im Urbild des Exodus – einem Archetyp der Wandlung – der Individuationsprozess ab.

Der Impuls zur Lebensveränderung besteht für Abraham in der Loslösung von seinem Ursprung, in der Trennung vom Selbstverständlichen und Gewohnten. [...] 15
Indem Abraham sich vom Vaterhaus löst, tritt er aus der durch die Vorfahren vermittelten Tradition heraus, aus deren für alle zur gleichen Gruppe gehörenden Personen gültigen Lebensorientierung er bis dahin gelebt hat. Wenn Abraham diesen Auszug 20 vollzieht, beginnt er, auf eigene Rechnung zu leben. [...] Abraham muss jedes Mal, in Auseinanderset-

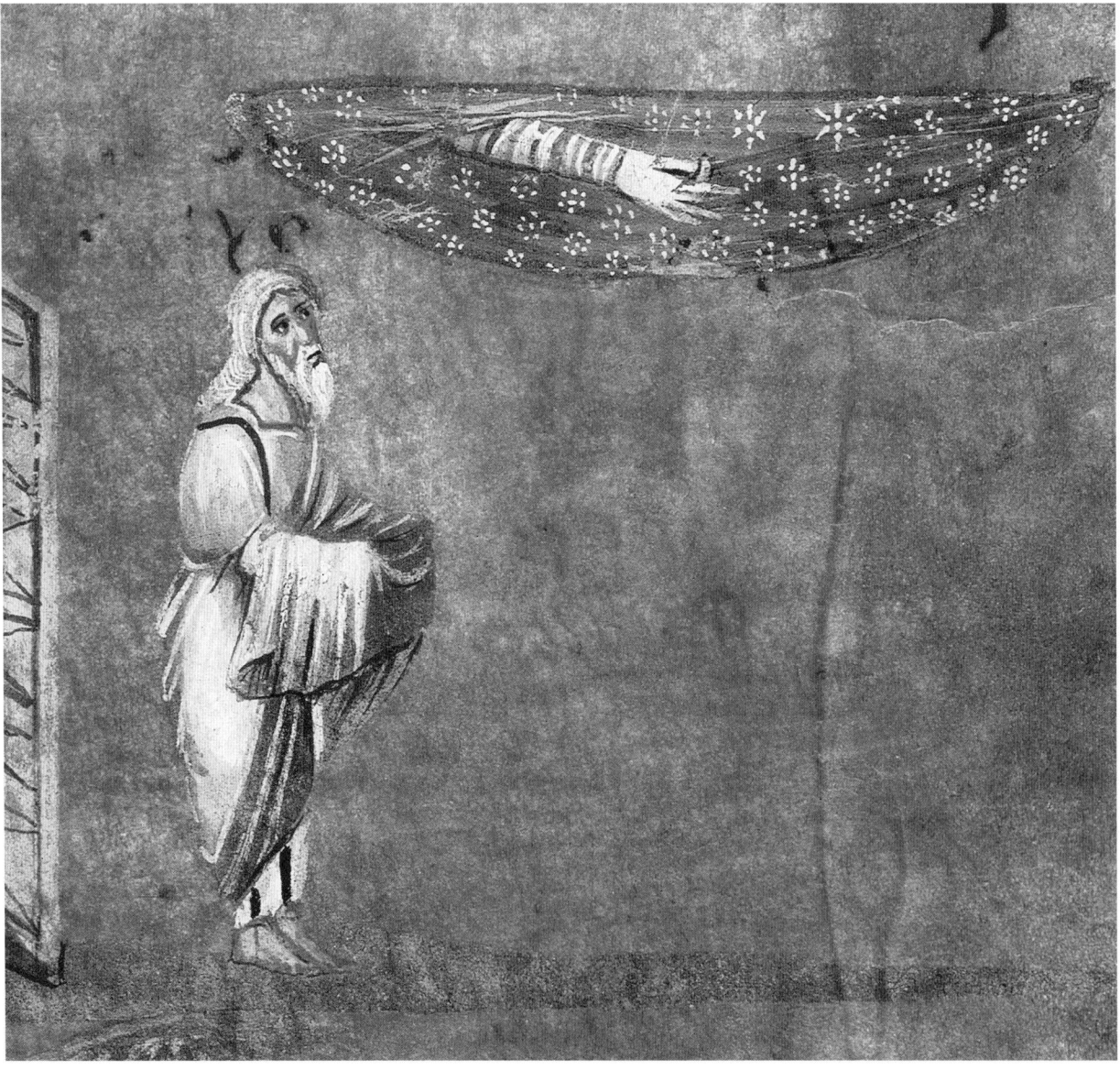

Wiener Genesis, Abraham, 6. Jh.

zung mit dem in seinem eigenen Lebensverlauf angelegten Anspruch, *seine* Entscheidung finden. Das Suchen nach ihr kann ihn auf Wege führen, die sich als Abwege herausstellen […] Das Suchen kann ihn in den Zweifel am Sinn seiner Existenz überhaupt führen […] Immer aber geht es in diesem Suchen für Abraham darum, dem, was er als den Impuls seiner Lebensverwirklichung erkannt hat, zum Durchbruch zu verhelfen, biblisch gesprochen: sich auf Gottes Anruf einzulassen. […]

Was der Impuls zur Lebensveränderung beinhaltet, lässt sich […] so beschreiben: Abraham muss den Exodus antreten aus den biologisch-naturhaften, und d.h. den schicksalhaft vorgegebenen Bindungen, die zwar Lebenssicherheit und einen Platz im sozialen Gefüge gewähren, die aber auch die Entfaltung schöpferischer Energien hemmen; die zwar festigen, aber auch festhalten; die Wärme spenden, aber auch einlullen und individuelle Initiative zur Weiterentwicklung bremsen. Freiheit als Eigenständigkeit und Selbstverantwortung im Gestalten des eigenen Lebens und der dazugehörigen Welt ist beim Verbleiben in den Ursprungsbindungen nicht möglich. Um diese Freiheit zu gewinnen, muss Abraham fortgehen aus seinem bisherigen Lebensraum. Die Freiheit wird nun im Text unter dem Bild eines anderen Landes konkretisiert. Das deutet auf eine in Aussicht stehende neue Beheimatung hin, ist jedoch nicht zu verstehen als Wieder-Eingefangen-Werden von der Bindung an das Ursprungsland; es bezeichnet vielmehr Abrahams bleibende Existenzverfassung als Auf-dem-Wege-Sein, als ein Sich-Wandeln – »Zieh […] in ein Land, das ich dir zeigen werde!« Es ist kein bestimmtes Land […]. Es ist für Abraham nur zu erreichen, wenn er den Aufbruch wagt im Vertrauen darauf, es tatsächlich zu finden, obwohl es sich noch nirgends für ihn abzeichnet.

[…] Den Selbstwerdungsprozess betreffend, besagt das aus Abraham hervorgehende große Volk, dass die Freiheit, die Abraham mit dem Heraustreten aus dem schicksalhaften Gebundensein an die kollektiven Größen seiner Herkunft erlangt, sich vervielfachen wird. Das Risiko der Vereinzelung, das er bei der Lösung aus den Ursprungsbindungen auf sich nimmt, wird sich auszahlen, indem er, der einzelne, sein Leben ausweiten wird […]

Unter der Vorbedingung des Auszugs kann für Abraham der große Name […] nicht äußeren Ruhm meinen, sondern die neue Identität, zu der er auf dem Wege ist; nicht die ererbte, von Familie und Tradition vorgezeichnete Identität, vielmehr die durch den Aufbruch in die Freiheit zu erwerbende, zu erkämpfende und zu erleidende. […] Der große Name wird aussprechen, dass Abraham ganz zu sich selbst gefunden hat.

Die Aussicht auf Lebenserfüllung erschöpft sich jedoch nicht mit dem individuellen Leben Abrahams; er selbst wird zum Segen für andere werden. So wird sich das Wagnis der Freiheit über das Individuum hinauswirken als Impuls und Anstoß zu weiterer Freiheitseröffnung. […]

Der Exodus ist ein Symbol von archetypischer Macht und insofern von menschheitlicher Bedeutung. Das Symbol lässt den Menschen die Gefahr wahrnehmen, dass er in den etablierten Sicherheiten seines Lebens abzusterben, zu verkümmern droht; es lässt ihn zugleich die Chance erfahren, im Aufbruch aus den Verfestigungen, vor allem aus solchen, die eine Gestaltung von Leben und Welt in Freiheit verhindern, wahre menschliche Identität zu finden und darin den Sinn, der in alttestamentlich-christlicher Tradition als Gotteserfahrung und Glaube vermittelt ist.

Maria Kassel, Biblische Urbilder. Tiefenpsychologische Auslegung nach C.G. Jung, München ²1980, 212–220

M3 Feministische Auslegung

Grundlagen

Hermeneutik ist – so wird definiert – die Kunst und Lehre der Auslegung und des Verstehens. […]

Die Hermeneutik des […] Verdachts […] setzt die Einsicht voraus, dass die Bibel von Männern verfasst und in einer androzentrischen Sprache geschrieben worden ist; sie setzt auch das Wissen voraus, dass die Bibel von Männern gedeutet worden ist und weiter gedeutet und in patriarchalen Kirchen verkündigt wird. Darum reflektiert die Bibel männliche religiöse Erfahrungen. […] Es ist also offenzulegen: die sexistische Sprache der Bibel, die unterdrückerische Sprache von Rassismus, Antijudaismus, Ausbeutung, Kolonialismus und Militarismus. […]

Die Hermeneutik der Verkündigung ist theologisch bewertende Hermeneutik. Sie besteht darauf, dass ein biblischer Text, wenn er weiterhin Frauenunterdrückung proklamiert, nicht die Autorität Gottes beanspruchen kann. Ein solcher Text kann nicht als Wort Gottes verkündigt werden. Stattdessen muss deutlich gemacht werden, dass der Bibeltext das Wort eines Menschen-Mannes ist. Alle Aspekte eines Textes müssen im Blick darauf überprüft und bewertet werden, ob und inwieweit der Text immer noch bis in unsere Gegenwart hinein im Namen Gottes oder Christi patriarchale Unterordnung fortschreibt. […]

Die Hermeneutik kreativer Ritualisierung ist eine Hermeneutik der Neuschöpfung. […] Das aktive Engagement von Frauen wird zum Ausdruck gebracht; diese kreative Aktualisierung erlaubt Frauen, an biblischer Geschichte teilzunehmen.

Sigrid Großmann, Feministische Hermeneutik, in: Christliches ABC heute und morgen, Bad Homburg 1993, Gr.4 177–192, 177, 181f

Feministische Auslegung zu Lk 18,1-5

Die Hermeneutik des Verdachts

Im Text finden sich viele androzentrisch-patriarchale und unterdrückerische Aspekte: ein Gegner bestreitet der Witwe ihr Recht; die Institution, der Richter, reagiert nicht bzw. weist zurück, verzögert; die Witwe bleibt Staffage, sie selbst ist stumm, *über* sie wird geredet; der Richter fühlt sich an sich selbst gebunden, nicht an eine moralische Instanz; der Richter steht sprachlich im Vordergrund. Der Witwe wird Unrecht auf zweierlei Weise angetan. Sie ist Opfer eines Mannes geworden, der ihre wirtschaftliche Lebensgrundlage angetastet hat. Gegen diesen Mann klagt sie vor Gericht und wird nun Opfer eines Richters.

Die Hermeneutik der Verkündigung

Die Witwe, ihr Dasein, ihre Rechte spielen für den Rahmen keine Rolle. Die Geschichte wird nur deswegen erzählt, weil Beharrlichkeit zum Ziel führt.

Gefährlich ist der vordergründige Vergleich von Richter und Gott; dieser Vergleich führt zu einem verheerenden Gottesbild, denn der zögerliche Richter wird zum Kumpan des Gegners der Witwe, des gegnerischen Rechtsvertreters.

Durch den zögerlichen Richter wird das Recht zur Gnade; wenn die herrscherlichen Strukturen »gepredigt« werden, dann sind Frauen von der Gnade der Männer abhängig.

Wenn nur auf den Richter geblickt wird, dann sind Frauen abhängig, Objekt, und nicht selbstständige Personen, Subjekt.

Die Hermeneutik des Neuschaffens

Die befreienden Elemente des Textes werden herausgehoben: Die Witwe bitte nicht, sondern fordert unermüdlich, beharrlich. Sie gibt nicht nach, schließt keinen faulen Kompromiss, sie überschreitet die gesellschaftlichen Grenzen: Sie ist in der Öffentlichkeit laut und aggressiv, sie wird lästig. Das entschlossene, mutige und widerständige Auftreten der Frau verhilft schließlich ihrem Recht zum Erfolg.

Neben diesem befreiungsmächtigen Aspekt gibt es einen weiteren, nämlich Gerechtigkeit und nicht Gnade. Wie also muss heute die Vision von Gerechtigkeit sichtbar gemacht werden? Das Gleichnis sagt: Gerechtigkeit fällt Frauen nicht in den Schoß, sondern muss erarbeitet werden. Heutige Frauen dürfen nicht darauf warten, dass jemand/ein Mann etwas für sie tut, gar Gerechtigkeit ihnen widerfahren lässt, denn es kostet sie ja etwas – Männer haben eigene Interessen, Frauen müssen für *ihre* Interessen einstehen/kämpfen.

Das Gleichnis steht gegen das häufige Verhalten von Frauen, die sich nichts zutrauen, gegen ihre Skepsis (»da kann man nichts machen«), gegen ihr Sich-klein-machen.

Frauen sollen sich nicht vertrösten lassen, sondern sich ihr Recht mit Macht, nicht mit Gewalt, nehmen, zumindest so lange, wie es ihnen nicht zugestanden wird. Gerechtigkeit ist keine Gnade, die Männer Frauen huldvoll gewähren!

Sigrid Großmann, unveröffentlichter Vortrag, 1990

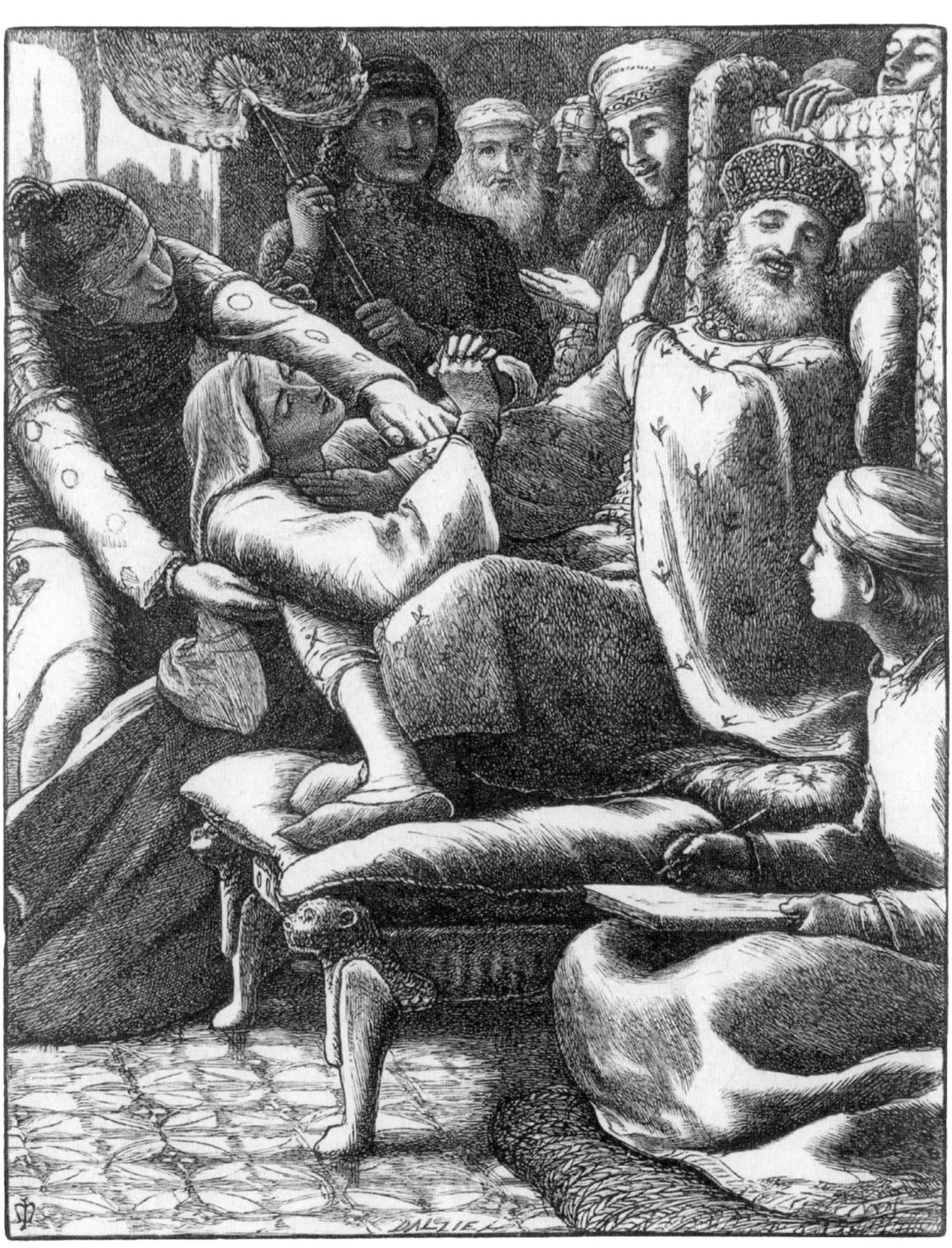

John Everett Millais, Der ungerechte Richter und die beharrliche Witwe, 1864

Baustein 3: Personen der Bibel – Wirkung

Die Bibel hat ihre Wirkung insbesondere auch durch die in ihr beschriebenen Personen entfaltet. Von der Vielzahl biblischer Persönlichkeiten (man denke nur an Abraham, an Mose, an Petrus oder an Maria) sind hier für den Unterricht ausgewählt: David (der wie kein zweiter für die Entwicklung einer religiösen Idee steht, zumal für eine religionsübergreifende Entwicklung vom Judentum zum Christentum), Jesus (der hier in solchen Themenschwerpunkten behandelt wird, bei denen sich eine Aussage zur gesamten Bibel eröffnet: historisches Lesen des Neuen Testaments, Verbindendes zwischen beiden Testamenten, Wunderthematik, Gottesbilder) und Paulus (der am Anfang des Christentums steht).

M1 König David – Von der historischen Figur zum religiösen Mythos

Kompetenzen: *David als Symbol des Christentums wahrnehmen und in neuen Sachzusammenhängen identifizieren (Wahrnehmungskompetenz), Neugierde auf religiöse Fragen entwickeln und Antwortmöglichkeiten vernetzend entdecken (Fragekompetenz), religiöse Zeugnisse verstehen und historische Bedingungen erkennen (Deutungskompetenz)*

Zum Einstieg:
Das Bild eines berühmten Menschen (eines Sportlers, Musikers, Leinwandhelden oder einer Fiktionalgestalt) kann ein Gespräch über den Zusammenhang von tatsächlichem Mensch und öffentlicher Person initiieren.

Zum Erarbeiten:
1. Erstellen Sie in Partnerarbeit mit Hilfe der angegebenen Bibelstellen in M1 eine Liste über den Werdegang der Person Davids sowie seiner Lebensentscheidungen.
2. Fassen Sie die Gedanken des Informationstextes zusammen und arbeiten Sie heraus, warum die historische Person des David zu einem Mythos des Judentums geworden ist.
3. In der (jüdischen) Bibel werden nicht nur heldenhafte Begebenheiten über David erzählt. Es finden sich auch Geschichten über einen Ehebruch und einen Auftragsmord zur Vertuschung dieses Ehebruchs (2.Sam 11) sowie ein Missverhältnis zwischen David und seinem ältesten Sohn, der gegen seinen Vater putscht (2.Sam 15ff). Diskutieren Sie zunächst in der Gruppe, warum die Bibel auch solcherlei Geschichten über den Mythos »König David« erzählt.
4. Vergleichen Sie nun gemeinsam Ihre Antwort mit dem abschließenden Text des Theologen Stefan A. Nitsche und erörtern Sie abschließend, welche Bedeutung David für den christlichen Glauben hat.

Zum Weiterlesen:
Stefan Ark Nitsche, König David. Gestalt im Umbruch, Zürich 1994.

M2 Jesus – Der Mann aus Nazareth/ M3 Historische Erkenntnisse über Jesus von Nazareth

Kompetenzen: *historische Erkenntnisse über Jesus beschreiben (Wahrnehmungskompetenz), Modelle theologischer Argumentation vergleichen und bewerten (Urteilskompetenz), sich in kommunikativer Offenheit mit unterschiedlichen theologischen Konzepten auseinandersetzen (Kommunikationskompetenz)*

Zum Einstieg:
Referat über die »Quellen zum historischen Jesus«.

Zum Erarbeiten:
Organisieren Sie sich in einer Vierergruppe: Jede/r liest *einen* (!) der vier Texte aus M2.
1. Nehmen Sie sich ein gesondertes Blatt und notieren Sie oben den Buchstaben Ihres Textes. Darunter beschreiben Sie in eigenen Worten, welcher Umgang mit dem historischen Jesus in Ihrem Text propagiert wird.
2. Reichen Sie Ihr Blatt im Uhrzeigersinn weiter. Sie selbst erhalten das Blatt Ihres rechten Partners, das oben einen Buchstaben enthält. Lesen Sie zunächst den zugehörigen Text in diesem Heft und dann die Notizen Ihres Mitschülers auf dem Blatt. Anschließend beschreiben Sie darunter, welche Methoden in Ihrem (neuen) Text verwendet bzw. eingeführt werden.
3. Reichen Sie Ihr Blatt erneut im Uhrzeigersinn weiter. Lesen Sie den – jetzt dritten – Text zum ent-

sprechenden Buchstaben auf dem Blatt sowie die Notizen Ihrer zwei Mitschüler auf dem Blatt. Darunter bewerten Sie die in dem – für Sie dritten – Text beschriebene Annäherung an den historischen Jesus aus Ihrer Perspektive.
4. Reichen Sie Ihr Blatt erneut im Uhrzeigersinn weiter. Lesen Sie den zugehörigen Text und die Ausführungen Ihrer Mitschüler. Ergänzen Sie Ihre Gedanken. Reichen Sie das Blatt erneut weiter. Sie halten nur Ihr Originalblatt in den Händen.
5. Ordnen Sie nun gemeinsam in der Gruppe die vier Texte in der von Ihnen vermuteten chronologischen Reihenfolge.
6. Analysieren Sie, welchen Sinn es haben könnte, nach der geschichtlichen Person »Jesus von Nazareth« zu fragen. Bewerten Sie Chancen und Risiken der Tatsache, dass es kein widerspruchsfreies/einheitliches Bild von Jesus gibt.
7. Stellen Sie in Einzelarbeit die Kernaussagen des Textes M3 zusammen und vergleichen Sie Ihre Ergebnisse anschließend in der Gruppe auf Vollständigkeit.

Zur Diskussion:
Welchen der vier Positionen können Sie zustimmen, welche lehnen Sie ab? Sammeln Sie Argumente pro & contra.

Zum Weiterlesen:
Gerd Theißen/Annette Merz, Der historische Jesus. Ein Lehrbuch, Göttingen ⁴2011, S. 21–122; Wolfgang Stegemann, Jesus und seine Zeit, Stuttgart 2010, S. 73–152.

M4 Jesus – Der Prediger aus Galiläa

Kompetenzen: *die »Königsherrschaft Gottes« als Phänomen der Religionswelt wahrnehmen und beschreiben (Wahrnehmungskompetenz), theologische Texte sachgemäß erschließen (Methodenkompetenz), Gemeinsames und Unterscheidendes von Judentum und Christentum aufzeigen und bewerten (Urteilskompetenz)*

Zum Einstieg:
Wiederholen Sie die wichtigsten Stationen der Geschichte Israels.

Zum Erarbeiten:
1. Ordnen Sie in Partnerarbeit die Aussprüche zu Gruppen, die ein unterschiedliches Verständnis der »Königsherrschaft Gottes« deutlich werden lassen.
2. Ordnen Sie dann Ihre »Verständnisse« in die Geschichte Israels sinnvoll ein.
3. Erarbeiten Sie in Gruppen die präsentische Apokalyptik der Verkündigung Jesu mit Hilfe der angegebenen Aufgaben. Präsentieren Sie Ihre Ergebnisse.

Zur Diskussion:
Wie können wir heute mit dem »Scheitern« der jesuanischen Vorstellung einer unmittelbar bevorstehenden Gottesherrschaft angemessen umgehen? Beziehen Sie den Text von Theißen/Merz ein.

Zum Weiterlesen:
Gerd Theißen/Annette Merz, s. o., S. 221–249.

M5 Jesus – Der antike Heiler

Kompetenzen: *Phänomene der Religionswelt wahrnehmen und beschreiben (Wahrnehmungskompetenz), christliche Sprache und religiöse Zeichen des Christentums verstehen, historische Beziehungen zwischen Jesus und anderen antiken Heilern erschließen (Deutungskompetenzen)*

Zum Einstieg:
Eine Recherche zu Apollonius, Vespasian und Asklepios führt in die antike Welt ein.

Zum Erarbeiten:
1. Untersuchen Sie und vergleichen Sie die Erzählungen hinsichtlich Aufbau, Krankheitsleiden, Heilvorgang und Zeitpunkt bzw. Konstatierung des Heilerfolgs.
2. Diskutieren Sie in einer Gruppe: Warum wurden diese Geschichten in Umlauf gebracht (historischer Kern, Heroisierung, …)? Was besagt die Existenz einer solchen Geschichte über das antike Weltbild/Wunderverständnis?
3. Vergleichen Sie die Erzählungen mit Mk 5,1–20; 7,32–36; 8,22–26.

Zur Diskussion:
Durchblättern Sie das Markus-Evangelium und diskutieren Sie mögliche Klassifizierungen (Ordnungen in Gruppen) für die dortigen Wundererzählungen.

Zum Weiterlesen:
Gerd Theißen/Annette Merz, s. o., S. 265–268; Bernd Kollmann, Neutestamentliche Wundergeschichten. Biblisch-theologische Zugänge und Impulse für die Praxis, Stuttgart ²2007.

M6 Jesus – Der verkündigte Christus

Kompetenzen: *Religion in der Lebenswelt wahrnehmen (Wahrnehmungskompetenz), christliche Sprache und religiöse Zeichen des Christentums verstehen (Deutungskompetenz), Gemeinsamkeiten und Unterschiede von religiösen Überzeugungen kommunizieren (Kommunikationskompetenz)*

Zum Einstieg:
Symbolik in der Darstellung des Jesus Christus im Bild von W. H. Hunt.

Zum Erarbeiten:
1. Fassen Sie den Text von Kurt Erlemann in eigenen Worten stichpunktartig zusammen.
2. Untersuchen Sie Mt 24,8; Joh 1,29; Apostelgeschichte 5,31; Röm 8,29; Hebr 2,10; Eph 1,14; Kol 1,18a sowie Hebr 7,22 hinsichtlich folgender Leitfragen: Mit welcher Metapher wird Jesus beschrieben, welches Bild von Gott wird gezeichnet? Aus welchem Bereich des Alltagslebens ist das Bild entnommen (z. B.: Jesus als Arzt = Medizin)? Wofür steht die Metapher, welche Eigenschaften Gottes bzw. Jesu werden damit beschrieben?
3. Vergleichen Sie Ihre Ergebnisse mit einem Partner und ergänzen Sie ggf.
4. Beurteilen Sie in Kleingruppen die Bedeutung der untersuchten Bibelstellen für unseren Glauben, auch auf dem Hintergrund der Texte von Erlemann sowie Rein.

Zur Diskussion:
Warum und wie wurde aus dem verkündigenden Jesus der verkündigte Christus?

Zum Weiterlesen:
Ulrich Kühn, Christologie, Göttingen 2003.

M7 Paulus – Ein Christ der ersten Stunde

Kompetenzen: *paulinische Zeugnisse verstehen und deren historische Bedingungen erkennen, Zusammenhänge von Glaubensüberzeugungen und Lebensweg am Beispiel des Paulus erkennen (Deutungskompetenzen), Folgen theologischer Entscheidungen hinsichtlich ihrer praktischen Konsequenzen reflektieren (Reflexionskompetenz), Persönlichkeit durch Herausforderung zu kreativer Auseinandersetzung mit religiösen Themenbereichen entwickeln (Individuationskompetenz)*

Zum Einstieg:
Die Recherche/Wiederholung der theologischen Bedeutung der Begriffe »Judenchristen«, »Heidenchristen« und »Beschneidung im Judentum« bereitet das Verständnis der Biographie und der Theologie des Paulus vor.

Zum Erarbeiten:
1. Gehen Sie in dem Bild »spazieren«: Notieren Sie Ihre eigenen intuitiven Wahrnehmungen und Beobachtungen. Tauschen Sie sich anschließend mit einem Partner aus und klären Sie gemeinsam den Bildaufbau, beschreiben Sie auch die Wirkung des Bildes. Abschließend deuten Sie in einer Kleingruppe Details sowie das Gesamtbild.
2. Suchen Sie sich einen Partner. Lesen Sie zunächst die Informationen, die Paulus selbst in seinen Briefen über sein eigenes Leben gibt (a), sowie die Berichte der Apostelgeschichte über Paulus (b). Versuchen Sie dann unter Berücksichtigung der fixierten Daten (c), aus diesen Angaben eine konkrete Lebensbiographie des Paulus zu erstellen. Vergleichen Sie mit anderen Teams.
3. Werden Sie kreativ: Führen Sie einen Dialog mit der im Bild dargestellten Person.

Zur Diskussion:
Wie ist laut Gal 2,16 (Glaube an Christus als Zentrum der Theologie), Gal 5,16–6,2 (das »Gesetz Christi«) und Jak 2,14–26 (frühe Kritik an Paulus) die Theologie des Paulus grundsätzlich zu verstehen?

Zum Weiterlesen:
Ed Parish Sanders, Paulus. Eine Einführung, Stuttgart 1995.

M8 Paulus – Der erste Theologe des Christentums

Kompetenzen: *Glaubensdokumente in Beziehung zur eigenen Lebenswelt setzen, religiöse Zeugnisse verstehen und historische Bedingungen erkennen (Deutungskompetenzen), theologische Texte sachgemäß erschließen (Methodenkompetenz), Gemeinsames und Unterscheidendes der Religionen aufzeigen und bewerten (Urteilskompetenz), am religiösen Dialog aktiv teilnehmen, sich in kommunikativer Offenheit mit unterschiedlichen religiösen Überzeugungen auseinandersetzen, Grenzen der eigenen Perspektive überwinden können (Kommunikationskompetenzen)*

Zum Einstieg:

Man stelle sich in einem Gedankenexperiment ein großes Architekturbüro vor, geleitet von einem erfahrenen Architekten, der aus Überzeugung nur solche Architekten einstellt, die vor dem Architekturstudium eine praktische Lehre, z. B. als Schreiner, absolviert haben. Dessen junger Nachfolger nun möchte diese Regelung abschaffen. Was spricht dafür, was dagegen? Wie denken die älteren Mitarbeiter? Welche Probleme könnten entstehen?

Zum Erarbeiten:

1. Skizzieren Sie eigenständig, was Paulus in Röm 3,19f und Gal 2,16 wohl mit dem Begriff »Werke des Gesetzes« meint und warum er diese ablehnt, ferner welche Rolle die Beschneidung für Paulus nach 1. Kor 7,17–19 und Gal 5,2–6 spielt! Entfalten Sie aus den Bibelstellen Argumente, die Heidenchristen gegenüber Judenchristen vorbringen könnten, und ergänzen Sie zusätzlich eigene Standpunkte. Vergleichen Sie anschließend mit einem Partner.
2. Entnehmen Sie in Einzelarbeit dem Text von Christian Strecker, wie Paulus früher von Protestanten interpretiert wurde und stellen Sie dem in eigenen Worten die »Neue Perspektive« auf Paulus entgegen. Vergleichen Sie mit einem Partner und bereiten Sie eine Präsentation vor.
3. Erarbeiten Sie in einer Gruppe Röm 11,1–26 mit Hilfe folgender Leitfragen: Welchen Status weist Paulus den Juden zu, die nicht an Christus glauben? Welche Haltung formuliert Paulus gegenüber dem Judentum bzw. den Juden? Wie ist das Ölbaum-Gleichnis in V. 17–24 (bes. V. 17f) zu deuten? Vergleichen Sie anschließend mit Gal 4,21–5,1.
4. Lesen Sie den Informationstext zum Verhältnis von Juden und Christen. Stellen Sie dann in Einzelarbeit die Entwicklung des Verhältnisses zwischen Judentum und Christentum graphisch, sozusagen »mengentheoretisch«, dar.
5. Erläutern Sie eigenständig, warum die Zugehörigkeit Jesu zum Judentum über Jahrhunderte hinweg in Predigten, in Religionsbüchern oder gar im Glaubensbekenntnis keine Rolle spielte. Vergleichen Sie mit einem Partner. Präsentieren Sie Ihre Ergebnisse.
6. Entwerfen Sie in einer Gruppe Thesen für ein christlich-jüdisches Gespräch.

Zur Diskussion:

Wie können wir auf Abgrenzungsversuche muslimischer Gemeinden im Europa des 21. Jahrhunderts reagieren?

Zum Weiterlesen:

Michael Bachmann, Von Paulus zur Apokalypse – und weiter. Exegetische und rezeptionsgeschichtliche Studien zum Neuen Testament, Göttingen 2011, S. 110–120; 207–209; 479–492.

Christian Strecker, Neue Brillen für die Pauluslektüre. Konturen und Kontroverspunkte der »new perspective on Paul«, in: Zeitschrift für Pädagogik und Theologie 63, 2011, S. 18–29.

M1 König David – Von der historischen Figur zum religiösen Mythos

Bibelstellen zum Werdegang der Person David (die Informationen in Klammern helfen beim Verständnis der Stellen):
1. Sam: 18,13-16;
    22,1f;
    23,1-5;
    23,14f;
    27,1-9 (Die Philister sind ein benachbartes, verfeindetes Volk.);
    31,8-10
2. Sam: 2,4-11;
    3,1;
    4,7b-8 und 5,1-3
1. Chr: 11, 4f
2. Sam: 8,1-14;
    8,15-18 (Die erste Hälfte der Namen ist judäisch, die zweite Hälfte ist jerusalemisch!);
    6,1-15 (Die Lade ist ein uraltes Heiligtum der Israeliten, Jerusalem ist ursprünglich die Stadt des Sonnengottes »Schalem«.);
    20,1-3+7

Eine der bekanntesten biblischen Geschichten ist die Erzählung von David und Goliath (1.Sam 17). Lesen Sie nun 2.Sam 21,19 und machen Sie sich Ihre »Gedanken«!

Archäologen wie I. Finkelstein, N. Silberman oder O. Keel konnten nachweisen, dass Davids Bedeutsamkeit und Macht nicht so immens waren, wie in der Bibel beschrieben.

Vermutlich war sein Reich eines unter mehreren Kleinkönigreichen im palästinischen Bergland, dessen Hauptstadt Jerusalem nicht viel mehr als ein befestigtes Dorf.

Aber die historische Existenz Davids ist gesichert, wie eine erst 1993 aufgefundene Inschrift eines syrischen Königs aus dem 9. Jh. v.Chr. beweist. Darin heißt es, dieser König habe »Ahasja, den Sohn von König Joram aus der Dynastie Davids« getötet.

Davids Nachfolger konnten also den Thron Jerusalems behaupten – letztlich sogar bis ins 6. Jh. v.Chr. hinein. David war also offensichtlich eine weithin bekannte Gestalt.

Davids Sohn Salomo konnte das Königreich seines Vaters, das aus Israel im Norden und Juda im Süden, mit der neutralen Stadt Jerusalem dazwischen bestand, noch behaupten.

Danach jedoch zerbrach das Reich in zwei Teile: Israel sagte sich von dem Rest des Reiches los, das fortan nur noch aus Jerusalem und dem kleinen Land Juda bestand. Die Einheit aller »Israeliten«, die an den Gott Jahwe glaubten und sich kulturell von den Nachbarvölkern unterschieden, war zerbrochen. Die beiden Reiche verzettelten sich in politischen Machtspielen. Das nördliche Reich, geschwächt von Militärputschen und Königsmorden, ging im 8. Jh. unter. Das kleinere Südreich mitsamt Jerusalem blieb politisch ruhiger. Die Familie Davids, seine Nachfahren, konnten sich auf dem Thron des Urahnen halten, bis die Babylonier im 6. Jh. Jerusalem und den dortigen Tempel zerstörten.

Der innenpolitisch wohl bedeutendste König und Nachfahre Davids war Joschija (im späten 7. Jh.). Während seiner Amtszeit entwickelte sich ein intensives Bedauern über die fehlende Einheit der »Israeliten«. Theologische Geschichtsschreiber verfassten darum »historische« Berichte über alle Könige beider Reiche, die jeweils mit einer stereotypen Bewertung der Könige endete: »Er tat [oder tat nicht], was Gott gefiel, wie sein Ahne David« (z.B. 1.Kön 15,11). Seither galt Davids Zeit als das »Goldene Zeitalter« der »Israeliten«, als Volk und Gott noch in Größe erstrahlten. Joschija galt dann vielen als ein »David redivivus«, von dem man hoffte, er könne das Volk der »Israeliten« wieder vereinigen und zu altem Glanz emporheben.

Nach der Zerstörung auch des zweiten noch verbliebenen Reiches und dem Ende der davidischen Dynastie im 6. Jh. verstärkten sich solche Gedanken noch: Davids Zeit wurde zunehmend glorifiziert, die Hoffnung auf einen Retter/Messias, der diese Zeit wiederherstellt, wuchs. Seither wurde der künftige Retter des jüdischen Volkes, der Messias, als »Wiederbelebung« Davids begriffen.

Stefan Nitsche: König David

Selbst in der Zeit der stärksten Glorifizierung des legendären Gründers der Monarchie in Juda und Israel war die Erinnerung an dessen Verfehlungen nicht verblasst […] Nicht die Lichtgestalt der Frühzeit wird zum Vorbild, sondern der in seinem Umgang mit der Macht fehlbare Mensch David. Sein Erfolg wird nicht auf seine charismatische Ausstrahlung und seinen politischen Instinkt zurückgeführt, sondern auf zwei Komponenten: […] Verzeihen und […] Versprechen […].

Davids Handeln konnte auch unkorrigierbar negative Folgen haben […] Gewissheit garantierte der Prophet Nathan dem König in der Verheißung […]: »Alles, was in deinem Herzen ist, das tue, denn Gott ist bei dir.« (2.Sam 7,3). Durch dieses Versprechen im Mund des Propheten […] war David in der Lage zu *handeln*. Er blieb nicht, wie sein Vorgänger Saul, gelähmt vor möglichen Alternativen stehen. Er war frei […] Das lud ihm aber auch die Verantwortung für sein Handeln auf die eigenen Schultern. David konnte nicht mehr länger ein durch Gott verhängtes, unabwendbares Schicksal zur Entlastung heranziehen. Waren seine Taten Untaten, forderten sie Vergeltung heraus […]

Erst das Moment des Verzeihens durchbricht diesen Teufelskreis […] Das Verzeihen garantiert einen Neuanfang angesichts der Verfehlungen der Machtausübung.

David – eine Gestalt, in der eine Epoche sichtbar wird, in welcher sich das Individuum Handlungsspielraum erkämpfte. David – eine Gestalt, in deren Geschichte sich die Auseinandersetzung […] mit den Gefahren und Chancen der Macht widerspiegelt.

Stefan Ark Nitsche, König David. Gestalt im Umbruch, Zürich 1994, 281–284

M2 Jesus – Der Mann aus Nazareth

A)

Das Christentum und seine Glaubensgrundlage, die Person Jesu Christi, wurde vielfach von historischer Seite kritisiert. So behauptete beispielsweise die Gruppe der so genannten »Radikalen Holländer«, Jesus habe nie gelebt und die Erzählungen über ihn seien Erfindungen aus dem 1./2. Jh. n. Chr. Der Hamburger Professor für orientalische Sprachen H. S. Reimarus stellte die Betrugstheorie auf, wonach die Jünger Jesu Leichnam gestohlen hätten, um eine Auferstehung verkünden zu können. Theologen wie D. F. Strauß oder H. E. G. Paulus reagierten auf die Kritik an der Geschichtlichkeit Jesu oder seiner Wundertaten mit rationalistischen Überlegungen, die »vernünftige« Erklärungen für Wundererzählungen bieten wollen: die Auferweckung als Scheintod, die Berichte als mythische Erzählungen.

Andere Theologen wie H. J. Holtzmann bemühten sich, das Leben des historischen Jesus aus den verfügbaren Quellen heraus zu rekonstruieren. Um den »unverfälschten«, »echten« Jesus wieder aufzufinden, entwickelten Theologen literarkritische Methoden, um scharfsinnig nach frühesten Quellenüberlieferungen Ausschau halten zu können. Auf dieser Basis entstanden vielfältige Aussagen über die Person Jesu und sein Leben. Mit diesen rekonstruierten Jesus-Bildern wollte man sich von dem alten, ideologieverdächtigen Jesus-Bild der Kirche emanzipieren.

B)

Der Theologe E. Käsemann wies darauf hin, dass die Botschaft der Evangelien vom auferstandenen Christus einen historischen Anhalt in der geschichtlichen Person Jesus hat.

Die Identität des auferstandenen Christus mit dem irdischen Jesus sei unbestreitbar.

Der christliche Glaube an den Auferstandenen beinhalte damit zugleich auch den Glauben an eine geschichtliche Person. Über diese etwas herauszufinden, sei eine lohnenswerte Aufgabe.

Bei der Suche nach »echter«, nicht vom frühen Osterglauben überlagerter Jesus-Überlieferung griffen Käsemann und andere Theologen auf die so genannte »formgeschichtliche« Methode zurück, welche aus den heute vorliegenden Evangelientexten die ältesten, einst mündlich überlieferten Teile herauszuschälen versucht. Sie will also dem historischen Jesus möglichst nahe kommen, indem sie in die ursprünglichste und früheste Überlieferungsschicht vordringt. Scheide man dann aus diesen ältesten Überlieferungsstücken alles das aus, was auch von Juden zur Zeit Jesu oder von den ersten Christen nach Jesus hätte gesagt werden können, dann blieben nur noch die originalgetreuen Worte (und Taten) Jesu übrig und man sei unzweifelhaft zu einem gesicherten Minimum »echter« Jesusüberlieferung vorgestoßen.

C)

Einige Theologen vertraten die Ansicht, dass man neben den Evangelien auch andere außerbiblische Quellen berücksichtigen müsse.

Nicht nur der biblische Kanon sei zur Rekonstruktion des historischen Jesus heranzuziehen, sondern auch andere frühchristliche Texte, wenn diese zu einem sehr frühen Zeitpunkt nach dem Tode Jesu entstanden seien. Theologen wie J. D. Crossan rekonstruierten ihre Bilder des historischen Jesus ausschließlich auf der Grundlage außerbiblischer Texte, deren Entstehungszeit dann vor dem Abfassungszeitpunkt der Evangelien angesetzt wird. Dieses Vorgehen ist jedoch aufgrund der Unsicherheit bei der Datierung von Textentstehungszeitpunkten nicht unumstritten.

Der Theologe G. Theißen entwickelte darüber hinaus so etwas wie ein doppeltes Plausibilitätskriterium: Jesusüberlieferungen seien plausibel historisch, wenn sie einerseits im antiken Judentum zu verankern seien, andererseits Auswirkungen auf frühchristliche Entwicklungen erkennbar seien. Jesus sei also als Teil des antiken Judentums zu erklären, seine historische Lehre in das Umfeld des antiken Judentums einzuordnen und als Voraussetzung für die Entstehung des Christentums zu begreifen, die historische Kontinuität zu beachten.

D)

A. Schweitzer zeigte in einer ausführlichen Untersuchung, dass alle Bücher, die in den vorangegangenen Jahren von Theologen über den historischen Jesus verfasst worden waren, Jesu Persönlichkeit so beschrieben, dass diese genau dem Ideal entsprach, das der jeweilige Verfasser als höchstes ethisches Vorbild betrachtete. Schweitzer wies also nach, dass alle Jesus-Rekonstruktionen nichts anderes waren als Projektionen der eigenen Überzeugungen auf den historischen Jesus, der dann als Vorbild fungieren sollte.

Deshalb sprach Schweitzer davon, dass die historische Leben-Jesu-Forschung gescheitert sei. Den tatsächlichen historischen Jesus habe sie nie entdeckt, vielmehr lediglich weltanschauliche Voraussetzungen, die den Verfassern der Jesus-Bücher bedeutsam waren, zeitlich nach vorne projiziert.

Der Todesstoß wurde der Leben-Jesu-Forschung schließlich dadurch versetzt, dass Theologen den tendenziösen Charakter der Evangelien erkannten. Mit Hilfe der Redaktionskritik entdeckte man, wie die Verfasser der Evangelien aus der Perspektive des Glaubens heraus Jesu Leben zu beschreiben versuchten und keinesfalls an einer historisch exakten Beschreibung des Lebens Jesu interessiert waren. Eine Rekonstruktion des historischen Jesus sei also unmöglich, denn das nachösterliche Christusbild überlagere jegliche Aussagen über das Leben Jesu in den Evangelien. R. Bultmann entwickelte auf diesem Hintergrund die These, das einzig Wichtige am historischen Leben Jesu sei die Tatsache, *dass* er zu den Menschen gekommen, gekreuzigt und auferstanden sei, nicht aber, was Jesus in seinem Leben getan und gesagt hatte. Für den christlichen Glauben sei allein das Ereignis von Kreuz und Auferstehung wichtig, nicht die Ereignisse des Lebens Jesu.

M3 Historische Erkenntnisse über Jesus von Nazareth

Die biblischen Erzählungen sind nur indirekt als Quellen auswertbar, wenn man danach fragen will, was vor etwa 2000 Jahren wirklich geschah. Dennoch lassen sich einige Fakten rekonstruieren, die in der modernen Forschung unter den Wissenschaftlern unumstritten sind.

Jesus stammte nicht aus Bethlehem. Diese Geburtsortangabe ist theologisch geprägt, weil der Messias nach alttestamentlichen Texten eben aus Bethlehem, der Stadt Davids, kommen müsse (vgl. Mi 5,1). Jesus stammte vielmehr aus Galiläa, genauer aus dem Dorf Nazareth. Seine Verkündigung spiegelt die galiläische, agrarisch geprägte Lebenswelt wider. Galiläa und insbesondere Nazareth hatten jedoch unter den Zeitgenossen keinen besonders guten Ruf (vgl. nur Joh 1,46).

Zu den am wenigsten bezweifelten Fakten aus dem Leben Jesu gehört die Taufe durch Johannes (vgl. Mk 1,9). Eine Erfindung der Tauferzählung durch die ersten Christen ist wenig plausibel: Dass der Messias von einem Anderen getauft wurde, dürfte nur dann Eingang in die Evangelien gefunden haben, wenn es sich dabei um eine historische Begebenheit handelte.

Jesus war als charismatischer Wanderprediger unterwegs, ohne festen und zuverlässigen Rückzugsort (vgl. Mk 10,17–31; Lk 14,26). Das Vertrauen auf Gott und auf Gottes neue Ordnung waren sein fester Halt. Aufgrund seines charismatischen Auftretens, seiner bilderreichen Sprache, womöglich auch seiner Erfolge als Heiler oder Exorzist konnte er eine Schar von Anhängern und Anhängerinnen um sich versammeln. Andererseits traten auch Gegner und Neider auf den Plan.

Den Mittelpunkt seines Lehrens und Predigens bildete die Überzeugung von dem unmittelbar bevorstehenden Anbruch der Herrschaft Gottes. Seine Worte und Taten, die Zuwendung zu den Armen und Nichtprivilegierten, die Gemeinschaft mit Sündern verdeutlichen dies. Jesus hat sich in Diskussionen um die jüdische Thora eingeschaltet, mit Pharisäern und anderen jüdischen Vertretern über Verschärfung und Entschärfung der Gesetze diskutiert. Das Gebot der Nächstenliebe hat er zur Feindesliebe verschärft, in anderen Fragen konnte er auch eine liberale Haltung einnehmen. Alles in allem zeigt sich Jesus in den Evangelien als jüdischer Rabbi mit besonderem charismatischen Auftreten und besonderem Sendungsbewusstsein.

Historisch unumstritten, weil auch außerbiblisch bezeugt, ist sein Tod am Kreuz in Jerusalem. Es handelt sich dabei um die römische Strafe für politische Aufrührer. Eine Erklärung für diesen Tod könnte die so genannte »Tempelreinigung« (vgl. Mk 11,15–18) bieten. Hier dürfte Jesus – wenn auch nur in begrenztem Umfang – eine Zeichenhandlung im Tempel vorgenommen haben, durch die er den örtlichen Machthabern unangenehm aufgefallen sein dürfte.

Um eine historische Tatsache handelt es sich wohl auch bei der Überlieferung von der Flucht der Jünger anlässlich der Verhaftung Jesu (vgl. Mk 14,50). Denn ein solcher Makel wäre kaum überliefert, wenn er nicht historischen Anhalt hätte.

Das letzte sichere historische Faktum aus dem Leben Jesu ist der Auferstehungsglaube seiner Jünger. Ohne diesen wäre es nicht dazu gekommen, dass seine Anhänger ihren Meister als Messias verkündigen.

M4 Jesus – Der Prediger aus Galiläa

Aussprüche zur Vorstellung von der Königsherrschaft Gottes *(basileia tou theou)*

Assumptio Mosis 10,1: »Und dann wird Gottes Herrschaft über seine ganze Schöpfung erscheinen und dann wird der Teufel nicht mehr sein und die ganze Traurigkeit wird mit ihm hinweggenommen sein.« (E. Brandenburger in JSHRZ V/2)

Tobit 13,2: »Gepriesen sei Gott, der in Ewigkeit lebt, sein Königtum sei gepriesen. Er züchtigt und hat auch wieder Erbarmen; er führt hinab in die Unterwelt und führt auch wieder zum Leben. Niemand kann seiner Macht entfliehen.« (EÜ)

Psalmen Salomos 17,1: »Herr, du selbst bist unser König für immer und ewig!« (S. Holm-Nielsen in JSHRZ IV/2)

Testament Daniels 5,10: »Und Gott selbst wird Krieg führen und siegreiche Rache über seine Feinde geben.« (J. Becker in JSHRZ III/1)

Syrische Baruch-Apokalypse 73,1f: »Und einst wird es geschehen, wenn Gott alles erniedrigt hat, was in der Welt besteht, und sich gesetzt auf seiner Königsherrschaft Thron in ewigem Frieden, dass Freude dann geoffenbart und Ruhe erscheinen wird. Gesundheit wird im Tau herniedersteigen, die Krankheit wird verschwinden und Angst und Trübsal und Wehklagen gehen vorüber an den Menschen.« (A.F.J. Klijn in JSHRZ V/2)

© by Gütersloher Verlagshaus, Gütersloh, in der Verlagsgruppe Random House GmbH, München

Ferner folgende Bibelstellen:
Psalmen: 47 / 93 / 99
Jesaja: 24,21f / 42,7–9
Daniel: 2,44 / 7,27
Sacharja: 14,8f.16.

Aufgaben für die Gruppenarbeit:
1. Sind die Worte und Taten Jesu eher präsentisch oder eher futurisch angelegt:
   Mk: 1,15; Mt: 8,11f / 10,7 / 11,12; Lk: 10,18 / 11,2b / 11,20.
2. Wer hat Anteil an der Gottesherrschaft? Was sind die Einlassbedingungen in das Reich Gottes:
   Mk: 10,15.23.25; Mt: 7,21 / 23,13 / 21,31.
3. Bestimmen Sie anhand von Lk 15,8, welche Rolle Gott dabei zukommt: Verwehrt er jemandem den Zutritt? Bleibt er passiv? Wird er aktiv?
4. Was fordert Jesus vom Einzelnen? Lesen Sie Lk 16,1–8a (Ist der Ehrliche der Dumme?) bzw. Mt 20,1–15 (Werden die Faulen belohnt?) und diskutieren Sie über die Aussageintention! Berücksichtigen Sie die beiden nachfolgenden Texte!

Interpretationsansätze

zu Lk 16,1–8a:

In einer dem Wortlaut nach nicht mehr rekonstruierbaren Urform geht das Gleichnis V.1–8 auf Jesus selbst zurück. Es spricht von einem Menschen, der sich in schwieriger Lage skrupellos die Zukunft sichert und deshalb positiv beurteilt wird. […] Im Mittelpunkt stehen der Verwalter und sein entschiedenes Handeln zur Sicherung seiner Bleibe. Mit V.8a ist die Erzählung abgeschlossen. Suggeriert wird, dass dieser Mensch, der als »ungerechter Verwalter« bezeichnet wird […], sich seine Existenz gesichert hat. Er wird überleben. Das wird […] gelobt.

Hans Klein, Das Lukasevangelium, Göttingen [10]2006, 538.541

zu Mt 20,1–15:

Die Erzählung schließt mit einem ausführlichen Plädoyer des Hausherrn. […] Die Schlussfrage (V.15b) fordert die Protestierenden auf, die inneren Einstellungen zu überprüfen, eigene Handlungskonsequenzen zu bestimmen und die Intention des Hausherrn prüfend nachzuvollziehen. Das Gleichnis zielt also auf die Reflexion eigener Gerechtigkeitsvorstellungen und den Nachvollzug der Handlungsweisen des Weinbergbesitzers.

Hartmut Rupp, Erzählwege als Lernwege, Glaube & Lernen 13, 1998, 165–180, 175

Gerd Theißen/Annette Merz, Jesus als Prophet: Die Eschatologie Jesu

Es bleibt immer das Problem: Jesus verkündigte eine nahe Gottesherrschaft, es kam aber das Christentum, das sich von der »Gottesherrschaft« oft weit entfernte. Jesus hat nicht mit dem Weiterbestehen der Welt für so lange Zeit gerechnet. Grundsätzlich gibt es drei Lösungsansätze […]:

1. *Der heilsgeschichtliche Lösungsansatz:* Jesus rechnete mit seinem Tod, einer danach folgenden Zwischenzeit, bis dann das Reich Gottes kommen sollte. Wer diese Sicht teilt, kann sagen: Jesus hat sich vielleicht in der Zeitspanne geirrt, nicht aber in der Zeitstruktur. […]

2. *Der existentiale Lösungsansatz* unterscheidet zwischen überholten »objektivierenden Vorstellungen« über das Weltende und einer »eigentlichen Aussageintention« hinter diesen Vorstellungen. […] Als eigentliche Aussageintention kann der kerygmatische Ruf Jesu betrachtet werden, der jeden Menschen mit Gott und der Ewigkeit konfrontiert und zu einer existentialen Entscheidung aufruft.

3. *Die evolutionäre Lösung:* […] Die jüdische Apokalyptik (einschließlich Jesus) bringt […] zum Ausdruck, dass der Mensch im Übergang zwischen zwei Welten lebt: zwischen biologischer und kultureller Evolution. Er unterliegt den biologischen Gesetzen von Mutation und Selektion, hat aber schon einen Schritt in eine Evolutionsphase getan, in der Kultur eine Chance ist, Selektion zu verringern. Die Verkündigung Jesu artikuliert wie die ganze Bibel einen direkten Protest gegen das Selektionsprinzip, das dem besser Angepassten und »Tüchtigeren« Lebenschancen auf Kosten des Schwächeren gibt. Der Übergang zwischen den beiden Evolutionsphasen geschieht in der ganzen Menschheitsgeschichte. Er wird in der Bibel bewusst artikuliert. Religiöse Symbole und Bilder dekodieren hier das heimliche Programm der Kultur.

Gerd Theißen/Annette Merz, Der historische Jesus. Ein Lehrbuch, Göttingen [2]1997, 252f

M5 Jesus – Der antike Heiler

Der Römer Philostrat schrieb im 2. Jh.:
[Als Apollonius in Athen über Trankopfer sprach, machte sich ein Jugendlicher darüber lustig.] Apollonius blickte ihn an und sagte: »Du bist es nicht selbst, der sich so überheblich gibt, sondern es ist der Dämon, der dich antreibt ohne dein Wissen.« Und in der Tat, der Jugendliche war, ohne es zu wissen, von einem Dämon besessen; denn er lachte über Dinge, über die sonst niemand lachte, und dann wiederum weinte er ohne jeden Grund, und er pflegte mit sich selbst zu sprechen und zu singen. […] Als Apollonius ihn anschaute, begann der Geist in ihm vor Furcht und Wut Schreie auszustoßen wie ein Mensch, der gebrannt und gequält wird. Und der Geist schwur, er würde den Jugendlichen verlassen und nie mehr Besitz von einem Menschen ergreifen. Aber Apollonius fuhr ihn zornig an […] und er befahl ihm, den Jugendlichen zu verlassen und durch ein sichtbares Zeichen zu zeigen, dass er so getan habe. »Ich werde die Statue da umwerfen«, sagte der Dämon und zeigte auf ein Standbild in der Königshalle, denn dort fand die Szene statt. Als die Statue sich zu bewegen begann und dann niederfiel, erhob sich dort ein unbeschreiblicher Lärm. Der junge Mann aber rieb seine Augen, als ob er gerade aufgewacht wäre. Er schaute in die Strahlen der Sonne und machte einen bescheidenen Eindruck, als alle ihre Aufmerksamkeit auf ihn richteten. Und er […] richtete sein Leben in Zukunft nach dem Vorbild des Apollonius ein.

Alfons Weiser, Was die Bibel Wunder nennt © Verlag Katholisches Bibelwerk GmbH, Stuttgart 1988

Der römische Historiker Tacitus schrieb im 1. Jh.:
Während dieser Monate, in denen Vespasian in Alexandria auf jene Tage, an denen gewöhnlich die Sommerwinde einsetzen, und also auf die sichere Seefahrt wartete, ereigneten sich viele Wunder, die eine Gunst des Himmels und eine gewisse Zuneigung der Götter zu Vespasian offenbarten.

Ein Mann aus dem einfachen Volke Alexandrias, der durch Verlust seines Augenlichts bekannt war, warf sich zu Füßen Vespasians und bat jammernd um Heilung von seiner Blindheit.

[…] Und er flehte den Kaiser an, er möge sich herablassen, ihm Wangen und Augen mit dem Speichel seines Mundes zu besprengen. Ein Anderer, mit verkrümmter Hand, bat […] den Kaiser, darauf mit Fuß und Fußsohle zu treten. […] So glaubte Vespasian, in seiner Lage sei ihm alles möglich, […] und er führte den Auftrag genau so aus, während die Menge gespannt um ihn herum stand.

Sofort war die Hand wieder gebrauchbar und dem Blinden leuchtete wieder das Tageslicht. Von beidem erzählen die, die dabei gewesen sind, auch heute nach dem Tode Vespasians noch, gleichwohl doch eine Unwahrheit nun keinen Gewinn mehr brächte.

Eine Inschrift zu Ehren des Heilgottes Asklepios lautete:
Euhippos trug eine Lanzenspitze sechs Jahre im Kiefer. Als er im Heiligtum [des Asklepios] schlief, nahm ihm der Gott die Lanzenspitze heraus und gab sie ihm in die Hände. Als es Tag geworden war, ging er gesund heraus mit der Lanzenspitze in den Händen.

Rudolf Herzog, Die Wunderheilungen von Epidauros, Leipzig 1931, 15

M 6 Jesus – Der verkündigte Christus

William Holman Hunt, Das Licht der Welt, 1851–1856

Kurt Erlemann, Anfänge

Entscheidend für den Fortbestand der ältesten christlichen Gemeinden war es, die Spannung zwischen dem Glauben an Jesus Christus als den entscheidenden, eschatologischen Heilsbringer und der nach außen hin unveränderten Wirklichkeit theologisch zu verarbeiten. Anders gesagt: Es war das Problem zu lösen, dass die geglaubte, neue Heilswirklichkeit nur dem Glauben zugänglich war. Gleichermaßen gegen mögliche Polemik von außen und Zweifel von innen galt es, sich der christlichen Glaubensgrundlagen zu vergewissern. Dafür boten sich mehrere Modelle an: Erstens, die Verlagerung des Problems auf die Ebene der Zeit; das heißt, die allgemeine Sichtbarwerdung bzw. Offenbarung der neuen Heilswirklichkeit wurde für die nahe Zukunft erwartet.

Zweitens, die Verinnerlichung der Glaubensinhalte; das heißt, die Verheißungen Jesu wurden in einem spirituellen Sinn als bereits erfüllt gedacht. Drittens, die Individualisierung bzw. Transzendierung der eschatologischen Hoffnung; das heißt, die Erfahrung der Heilswirklichkeit wurde als eine postmortale Angelegenheit jedes Einzelnen angesehen. Viertens, die kontrafaktische Interpretation des Geschickes Jesu und der Gemeinde; das heißt, es wurden im Geschick Jesu und in der Wirklichkeit der Gemeinde sichtbare Manifestationen des weithin noch Unsichtbaren gesucht, Zeichen, die die Glaubenden ihrer Glaubensgrundlage vergewissern konnten.

Die vier Modelle haben ihren Niederschlag im Neuen Testament gefunden, zum Teil stehen sie unverbunden nebeneinander, zum Teil sind sie komplementär miteinander verbunden. Während der weitere Fortgang der Geschichte das erste Modell *ad absurdum* geführt hat, haben das zweite und das dritte Modell bis heute Bestand. Das vierte Modell ist vielleicht das theologisch anspruchsvollste, da es die kollektive Dimension der christlichen Hoffnung ernst nimmt, ohne sich in der Frage des Wann? und Wie? zu verlieren. Es lenkt den Blick zurück *ad fontes* und zugleich auf die Gegenwart der Gemeinde, ihre offenen Fragen und ihr Verhältnis zur Welt.

[…] In der irdischen Wirksamkeit Jesu, in seiner Auferstehung und Erhöhung sowie im Ergehen der nachösterlichen Gemeinden wurden schon bald sichtbare Anfänge, die die noch unsichtbare Erlösung der Welt verbürgen, entdeckt.

Kurt Erlemann, Anfänge, die das Ganze verbürgen, in: Theologische Zeitschrift 57, 2001, 60–87, 60f

Matthias Rein, Das Johannesevangelium

Der johanneische Passionsbericht hat ein eigenes erzählerisches und theologisches Profil. Dies zeigt sich in Erzählelementen, die in den synoptischen Berichten nicht vorkommen, und in den Kürzungen, die der vierte Evangelist gegenüber den Synoptikern vorgenommen hat. Schaut man sich diese Stellen im einzelnen an, wird die theologische Absicht deutlich, die sich mit der johanneischen Darstellung verbindet:

Im johanneischen Passionsbericht fehlt die Szene des angefochtenen betenden Jesus im Garten Getsemani. (Charakteristisch für das Johannesevangelium ist der Umgang mit dem Kelchwort: Während Jesus in der markinischen Darstellung den Vater bittet, diesen Kelch von ihm zu nehmen, richtet der johanneische Jesus an Petrus die Frage, ob er den Kelch etwa nicht trinken soll, den ihm sein Vater gegeben hat.) [...] Pilatus führt ein Gespräch mit Jesus über seine Lehre, in dem Jesus vor der römischen Weltmacht sein Sein von Gott (18,36f) bezeugt. Im Mittelpunkt steht die Frage, ob und in welcher Weise Jesus der König der Juden ist (18,33.37.39; 19,3.15). [...]

Weitere johanneische Besonderheiten verstärken den Eindruck, dass Jesus als hoheitlicher König den Kreuzestod erleidet: Jesus trägt sein Kreuz selbst, Simon von Zyrene wird nicht erwähnt. Jesus trinkt keinen Wein vor der Kreuzigung [...] Ohne Parallele ist auch Jesu Bitte an den Lieblingsjünger vom Kreuz herab, seine Mutter als die eigene anzunehmen. Der johanneische Jesus stirbt mit den Worten: »Es ist vollbracht!« Er stirbt als verborgener König, der bis zuletzt dem göttlichen Plan folgt, nach dem alles geschieht.

Er stirbt nicht als von Gott verlassener Besiegter, sondern als Vollbringer und von Gott am Kreuz Verherrlichter. [...]

Besonderes Augenmerk legt der vierte Evangelist auf das Passafest: [...] Jesus und seine Jünger versammeln sich zum Abschiedsmahl vor dem Passafest (13,1), Jesu Verurteilung und Hinrichtung geschieht am Vorbereitungstag vor dem Passafest (19,14).

Johannes zufolge starb Jesus also am Tag vor dem Passa [...] zur Zeit, als die Passalämmer geschlachtet wurden. Mit den Jüngern hielt er demnach kein Passamahl, sondern ein gewöhnliches Nachtmahl. Darin unterscheidet sich die johanneische Passionsdatierung von der synoptischen Darstellung. Ihr zufolge hielt Jesus am Donnerstagabend [...] das Passamahl und wurde am Freitag [...] gekreuzigt (Mk 14,12.14). Der johanneischen Darstellung liegt ein klares theologisches Interesse zugrunde: Jesus ist das Lamm, das unschuldig sein Blut für die Vielen gab.

Schon in 1,29 bekannte Johannes der Täufer im Blick auf Jesus: »Siehe, das Lamm Gottes.« Diese theologische Aussage wird durch die Gleichzeitigkeit des Todes Jesu mit dem der Passalämmer eindrücklich veranschaulicht.

Matthias Rein, Das Johannesevangelium, in: K.-W. Niebuhr (Hg.), Grundinformation Neues Testament, Göttingen 2000, 143–172, 150f

M7 Paulus – Ein Christ der ersten Stunde

Rembrandt, Paulus im Gefängnis, 1627

a) Paulus selbst berichtet:
aus dem 3. Kapitel des *Brief an die Philipper*:
Ich bin am achten Tag beschnitten worden, aus dem Volk der Israeliten, dem Stamm Benjamin, ein Pharisäer gemäß dem Gesetz, habe die christliche Gemeinde eifrig verfolgt und das Gesetz tadellos beachtet.

aus den ersten beiden Kapiteln des *Brief an die Galater*:
Denn ihr habt doch gehört von meinem Leben einst als Jude: dass ich die Christen verfolgte, wo es nur ging, und versuchte, sie zu vernichten. Als aber eines bestimmten Tages mir Gottes Sohn erschien, damit ich seine Auferstehung bei den Griechen verkündige, holte ich mir keineswegs von Menschen Ratschläge und ging auch nicht hinauf nach Jerusalem zu denen, die vor mir Apostel waren, sondern ich zog nach Arabien und kehrte wieder zurück nach Damaskus. Danach, drei Jahre später, ging ich hinauf nach Jerusalem, um Petrus kennen zu lernen, und blieb fünfzehn Tage bei ihm. Einen anderen der Apostel habe ich nicht gesehen, außer Jakobus, den Bruder Jesu. Und ich schwöre bei Gott – was ich euch schreibe, ist nicht gelogen! Danach ging ich in die Länder Syrien und Kilikien. Persönlich unbekannt aber war ich den christlichen Gemeinden Judäas.

Sie hatten nur gehört: Der, der uns einst verfolgt hatte, predigt jetzt den Glauben, den er einst ausrotten wollte. Und dafür priesen sie Gott.

Danach, vierzehn Jahre später, ging ich wieder hinauf nach Jerusalem, zusammen mit Barnabas, auch Titus nahm ich mit. Ich legte ihnen vor, wie ich bei den Griechen die Frohe Botschaft verkündige. Aber nicht einmal der mit mir anwesende Titus, ein Grieche, wurde gezwungen, sich beschneiden zu lassen. Es hatten sich ja einige Lügenbrüder eingeschlichen, um unsere Freiheit auszukundschaften; denen gaben wir nicht um Haaresbreite nach, damit die Wahrheit der Frohen Botschaft bestehen bliebe. Mir nämlich haben die angesehenen Apostel nichts dazu auferlegt. Im Gegenteil: Als sie sahen, dass Gott mich so zum Griechenmissionar berufen hatte wie den Petrus zum Judenmissionar, da gaben Jakobus und Petrus und Johannes, die als Säulen angesehen waren, mir und Barnabas die rechte Hand und wurden mit uns einig, dass wir bei den Griechen, sie aber bei den Juden predigen sollten, und dass wir für die Armen Jerusalems Geld sammeln sollten. Worum ich mich ja eifrig bemüht habe.

Als später einmal Petrus nach Antiochia gekommen war, trat ich in offenen Streit mit ihm, weil er unaufrichtig war: Er hatte mit den Griechen gemeinsam seine Mahlzeiten eingenommen, bis einige Leute aus Jerusalem gekommen waren. Dann zog er sich von den gemeinsamen Mahlzeiten zurück aus Angst vor Streit. So heuchelten auch andere Juden mit ihm, sogar Barnabas ließ sich dazu verführen. Aber als ich gesehen hatte, dass ihre Handlungsweise nicht gemäß dem Evangelium war, beschimpfte ich Petrus öffentlich.

aus dem 11. Kapitel des *zweiten Brief an die Korinther*:
Von Juden habe ich fünfmal 39 Geißelhiebe bekommen, dreimal bin ich mit Stöcken geschlagen worden, einmal gesteinigt worden, dreimal habe ich Schiffbruch erlitten, einen Tag und eine Nacht bin ich auf offenem Meer getrieben. Ich war oft unterwegs, bin in Gefahren gewesen durch Flüsse, in Gefahren durch Räuber, in Gefahren aus dem eigenen Volk, in Gefahren unter Griechen, in Gefahren in der Stadt, in Gefahren in der Wüste, in Gefahren auf dem Meer, in Gefahren unter Lügenbrüdern, in Mühsal und Bedrängnis, oft in schlaflosen Nächten, in Hunger und Durst, oft in Fasten, in Kälte und Blöße; und abgesehen von weiteren Dingen die tägliche Bedrängnis bei mir, mir um die christlichen Gemeinden Sorgen zu machen. Gott, der Vater des Herrn Jesus, der gepriesen sei in Ewigkeit, weiß, dass ich nicht lüge. In Damaskus ließ der Statthalter des Königs Aretas die Stadt der Damaszener bewachen, um mich gefangen zu nehmen. Deshalb ließ man mich durch ein Fenster in einem Korb die Mauer hinab und ich entrann seinen Händen.

aus dem 15. Kapitel des *Brief an die Römer*:
Nun aber habe ich meine Missionsaufgaben im Osten des Reiches erfüllt. Seit vielen Jahren habe ich das Verlangen, zu euch zu kommen, wenn ich nach Spanien reise. Denn ich hoffe, dass ich bei euch durchreisen und euch sehen kann und von euch dorthin weitergeleitet werde. Jetzt aber gehe ich zunächst nach Jerusalem. Denn die Christen in Mazedonien und Achaja haben eine Geldsammlung für die Armen unter den Jerusalemer Christen veranstaltet. Wenn ich ihnen diesen Ertrag sicher ausgehändigt habe, werde ich über euch nach Spanien reisen.

b) Die Apostelgeschichte erzählt – kurz zusammengefasst – über Paulus:
Kap. 9:
Paulus wird als junger Mann beauftragt, Christen in Damaskus ausfindig zu machen und vor das jüdische

Gericht zu bringen. Auf dem Weg nach Damaskus erscheint ihm jedoch der auferstandene Jesus und Paulus tritt daraufhin zum christlichen Glauben über.

Die Juden in Damaskus aber wollen ihn deshalb töten und Paulus muss aus der Stadt fliehen. Er geht nach Jerusalem, lernt die dortigen Apostel kennen und verlässt schließlich diese Stadt in Richtung Tarsus in Kilikien (heutige Südtürkei).

Kap. 11/12:
Der Gemeindeleiter von Antiochia – Barnabas – holt Paulus nach Antiochia. Dort wird eine Kollekte für Jerusalem gesammelt.

Barnabas und Paulus überbringen das Geld, und zwar anscheinend (die Apostelgeschichte bleibt hier etwas vage) kurze Zeit nach dem Tod des Jerusalemer Königs Agrippa. Dieser hatte zu Lebzeiten eine Verfolgung der Christen in Jerusalem betrieben, in deren Verlauf auch Petrus aus der Stadt fliehen musste.

Kap. 13/14:
Barnabas und Paulus missionieren erfolgreich in Antiochia und Umland; sie kommen bis nach Zypern und in den Süden Kleinasiens (die heutige Südtürkei).

Kap. 15:
Einige Jerusalemer kommen nach Antiochia.

Es entsteht Streit um die antiochenische Missionsweise. Daraufhin wird in Jerusalem eine große Versammlung einberufen, die über die Korrektheit der antiochenischen Missionsweise entscheiden soll. Es wird beschlossen, dass der Missionsstil der Antiochener angemessen sei – jedoch sollten ab sofort die griechischen Christen einige kleinere Regeln befolgen (verschriftlicht im so genannten Aposteldekret), um den Zusammenhalt des jungen Christentums zu stärken, das Griechen und Juden umfasste.

Kap. 15–18:
Paulus und Barnabas geraten in einen Streit und trennen sich. Paulus bricht aus Antiochia auf und bestreitet eine Missionsreise Richtung Europa: Längere Aufenthalte erfolgen in Philippi, Thessaloniki, Athen und Korinth. Dort gründet und etabliert er jeweils neue christliche Gemeinden. Über die jeweilige Dauer der Aufenthalte wird nichts Genaues berichtet – Ausnahme: In Korinth bleibt Paulus 1½ Jahre. Dort wird er von Juden heftig beschimpft und vor dem römischen Statthalter Gallio angeklagt, der aber Paulus für unschuldig befindet. Dieser beendet schließlich seine Missionsreise, indem er nach Antiochia zurückkehrt – möglicherweise mit einem Umweg über Jerusalem (auch hier bleibt die Apostelgeschichte etwas undeutlich).

Kap. 19–28:
Paulus bricht erneut auf, jetzt nach Ephesus.

Dort bleibt er etwa drei Jahre, bevor er nach Norden und nochmals durch Griechenland hindurch reist und sich dort wenigstens drei Monate lang aufhält. Dann bricht er nach Jerusalem auf, um eine Kollekte abzuliefern. Dort wird Paulus auf Betreiben von Juden durch die Römer gefangen genommen.

Der römische Statthalter Felix interessiert sich wenig für Paulus. Erst nach zwei Jahren Gefängnishaft widmet sich der neue Statthalter Festus wieder dem Fall. Paulus verlangt eine Gerichtsverhandlung vor dem Kaiser in Rom. Deshalb wird er als Gefangener nach Rom überbracht, wo er nach einem Schiffbruch vor Malta schließlich ankommt. In Rom befindet sich Paulus zwei Jahre lang in leichter Haft, die er zur Verkündigung des Evangeliums nutzen kann – mit diesem Hinweis bricht die Darstellung der Apostelgeschichte ab.

c) Einige Daten, die bekannt und wichtig sind:

(ca.) 30   Kreuzigung Jesu
44   Tod des Königs Agrippa
51/52   Lucius Junius Gallio ist Statthalter in Korinth
(ca.) 59   Porcius Festus löst Antonius Felix als Statthalter von Jerusalem ab

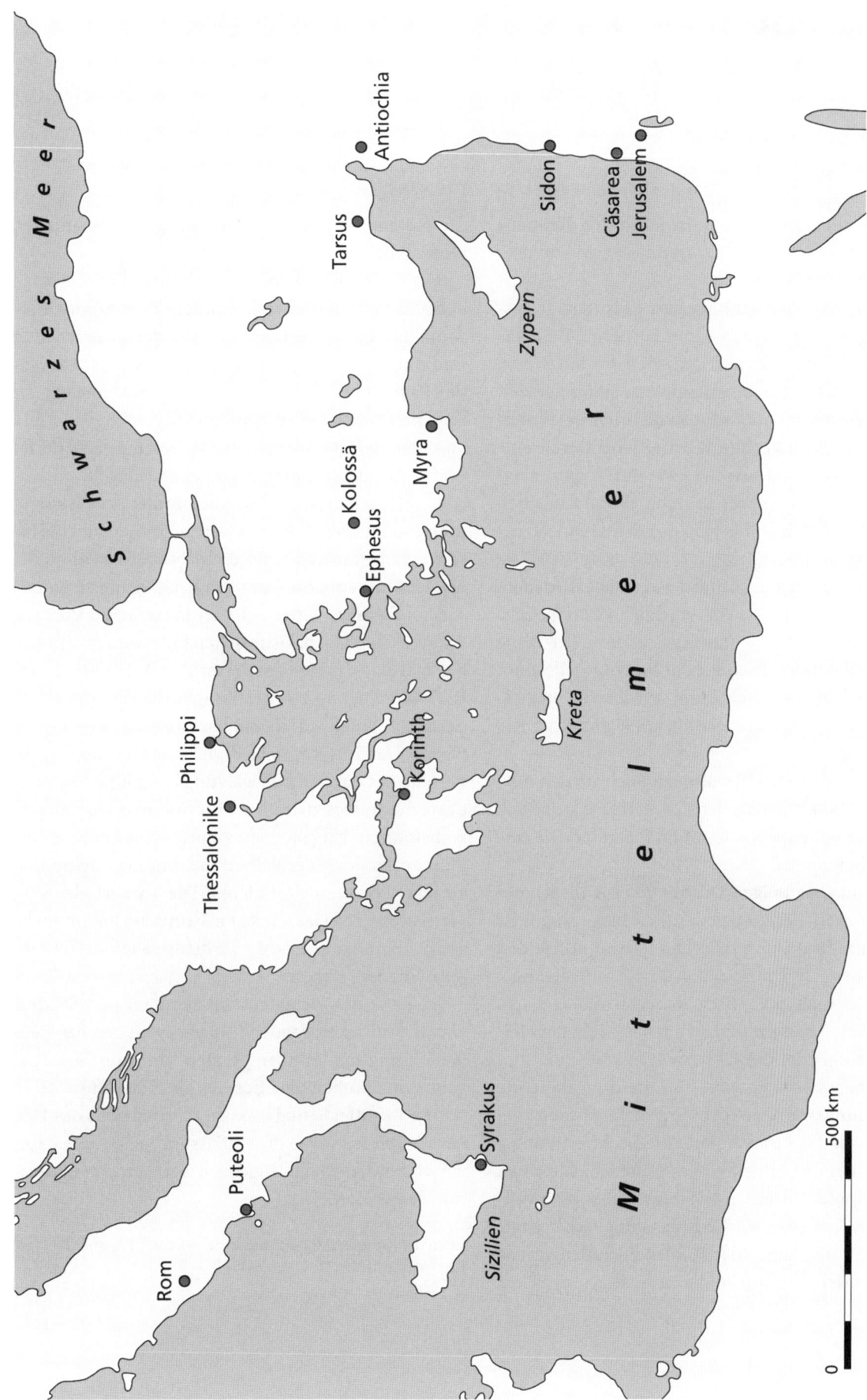

M8 Paulus – Der erste Theologe des Christentums

Eine neue Perspektive auf die theologischen Gedanken des Paulus

Es sind vor allem zwei Punkte, in denen sich die »neue Perspektive« deutlich von der traditionellen Paulusexegese abhebt:

1) Kernpunkt der paulinischen Rechtfertigungslehre ist hier nicht – wie in der lutherischen Betrachtungsweise – die Frage nach dem Heil des Einzelnen, sondern die nach dem soteriologischen Status der Heiden. D. h. die bislang am Individuum orientierte Interpretation der Rechtfertigungslehre wird durch eine ethnisch ausgerichtete ersetzt bzw. durch diese relativiert: Paulus geht es mit anderen Worten um den Einschluss der Heiden ins Heil des Gottesvolks (»inclusion of gentiles«).

2) Die Rechtfertigungslehre des Apostels wird nicht länger als Attacke gegen ein angeblich »werkgerechtes« oder »legalistisches« Judentum gelesen. Das lange Zeit dominierende Klischee vom Judentum als einer »Leistungsreligion« weicht einer gerechteren und angemesseneren Charakterisierung antik-jüdischer Religiosität.

Die entscheidenden Impulse mit Blick auf den erstgenannten Aspekt lieferte Krister Stendahl, mit Blick auf den zweiten Aspekt kommt Ed P. Sanders die entscheidende Rolle zu.

[…] Stendahl zufolge ist als zentrales Anliegen des Heidenapostels das konkrete missionstheologische Problem der Beziehung zwischen Juden und Heiden auszumachen […] Die Funktion der Rechtfertigungsaussagen sei nicht polemisch, sondern apologetisch. Es ginge dem Apostel lediglich um das Recht der Heiden, Vollmitglieder des Gottesvolks zu werden, und zwar ohne dass diese unter bestimmte Toragebote wie Beschneidung und Speisegebote gestellt würden […] Erst Augustin […] transferierte die Rechtfertigungslehre aus ihrem ethnisch-heilsgeschichtlichen in einen fremden Kontext, nämlich den des so genannten »introspektiven Gewissens«. »Rechtfertigung rechtfertigte nicht länger den Status der Heiden als Juden ehrenhalber, sondern sie wurde die zeitlose Antwort auf die Nöte und Qualen des ichbezogenen westlichen Gewissens.«

Diese »Introspektion« […] führte schließlich zu den bekannten Gewissensnöten des Augustiner-Mönchs Martin Luther. […] Aus dem zufriedenen und mit einem robusten Gewissen ausgestatteten Juden Paulus (vgl. Phil. 3,6), der weder Probleme mit der Tora hatte noch ein ausgeprägtes Sündenbewusstsein an den Tag legte, wurde ein am Gesetz gescheiterter und in Gewissensnöten befangener Mensch.

[…] Gegen diese […] westlich-lutherische Umdeutung paulinischer Theologie versuchte Stendahl die ursprünglich ethnisch-heilsgeschichtliche Intention des »Heidenmissionars« Paulus in Erinnerung zu rufen.

[…] Sanders widerlegt […] konsequent die […] These, im antiken palästinischen Judentum müsse sich der Einzelne das Heil durch fromme Werke verdienen. […] Der Zugang zum Heil (»getting in«) geschieht demnach allein durch die barmherzige Erwählung Gottes. Der Tora kommt lediglich die Funktion zu, innerhalb des durch die Erwählung konstituierten Bundesverhältnisses zwischen Gott und Israel Gehorsam zu belohnen, Ungehorsam zu bestrafen und über die Sühnemittel das Verbleiben im Bund (»staying in«) zu regeln bzw. zu garantieren. Die Tora ist also kein »Heilsweg«[…] Das antike palästinische Judentum ist somit keine werkgerechte Verdienstreligion, sondern eine Gnadenreligion.

[…] Mit den Arbeiten von Stendahl und Sanders waren zwei der tragenden Säulen der klassischen Paulusdeutung ins Wanken geraten bzw. zum Einsturz gebracht, nämlich die These, es ginge dem Apostel in seinen Rechtfertigungsaussagen primär um das Heil des Einzelnen, sowie die Auffassung, er kämpfe dabei vorwiegend gegen ein angeblich werkgerechtes Judentum seiner Zeit.

Christian Strecker, Paulus aus einer »neuen Perspektive«, in: Kirche und Israel 11, 1996, 3–18, 4–8

Das Verhältnis von Juden und Christen

Bezüglich des Verhältnisses von Christentum und Judentum lassen sich idealtypisch etwa *fünf Phasen* unterscheiden. Die *Ursprungssituation* ist eindeutig: Jesus selbst war Jude, seine Botschaft ist gut jüdisch, seine ersten Nachfolger – Petrus und die Jünger, auch Paulus – waren allesamt Juden.

Ein *erster Akt der Trennung* erfolgte durch die Aufnahme von Nichtjuden, also Heiden bzw. Griechen, in die christliche Glaubensgemeinschaft, die sich somit aus zwei Gruppierungen zusammensetzte: Judenchristen, die als praktizierende Juden an den Messias Jesus glaubten, und Heidenchristen, die als Nichtjuden an den Messias Jesus glaubten.

Eben weil diese Glaubensgemeinschaft auch Nichtjuden aufnahm, wurde sie als eigenständige Gruppe im Gegenüber zu der zahlenmäßig überlegenen Gruppierung der sonstigen Juden wahrgenommen – denen im Übrigen die noch größere Gruppe der Heiden bzw. Nichtjuden gegenüber stand. Die Christen als kleine Randgruppierung mussten sich den übrigen Juden gegenüber profilieren.

Mit der erfolgreichen Ausbreitung des Christentums wuchs die Zahl der Christen auf Dauer weitaus höher an als die Zahl der Juden, es kam zu *zunehmender Judenfeindlichkeit* – nicht zuletzt, weil ältere Texte, die sich mit der Profilierung jüdischer (wie auch nichtjüdischer) Christen gegenüber nichtchristlichen Juden beschäftigten, als Kontroverse zwischen Christen und Juden missverstanden wurden. Verleumdungen, Diskriminierungen, Ausweisungen und Pogrome wurden zum Ausdruck der nun zahlenmäßig größeren Gruppierung gegenüber der jetzt kleineren. Schließlich entwickelte sich in der Neuzeit ein rassistischer Antisemitismus, an dessen Ende die *Katastrophe der Schoa* stand: Die nationalsozialistischen Judenverfolgungen und das Schweigen der Kirchen zu diesen führten zu einer deutlichen Entfremdung der beiden Schwesterreligionen.

Mit der Neugründung des Staates Israel setzte ein *Neubeginn* ein, der den Bruch durch gegenseitige Annäherung allmählich zu heilen versuchte. In der theologischen Forschung verbreitet sich die Sicht, dass neutestamentliche Aussagen, die einst in einem geschwisterlichen Konflikt zweier Religionsgemeinschaften getätigt wurden, von Christen bisweilen als Urteile gegen das Judentum schlechthin missinterpretiert worden sind.

Baustein 4: Botschaft der Bibel – Eschatologie und Zukunft

M1 Die Schöpfung – Bewahren und Hoffen

Kompetenzen: *ethische Herausforderungen in gesellschaftlichen Handlungsfeldern als religiös bedeutsame Entscheidungssituationen erkennen (Wahrnehmungskompetenz), einen eigenen Standpunkt zur Schöpfungstheologie beziehen, begründen und an Beispielen oder Konsequenzen konkretisieren (Urteilskompetenz)*

Zum Einstieg:
Beschreiben Sie, welche Gedanken sich Ihnen bei der Betrachtung des Bildes erheben. Ist dies ein Bild, das zum Nachdenken über den »Sinn des Lebens« anregt?

Zum Erarbeiten:
1. Veranschaulichen Sie in Einzelarbeit den Informationstext graphisch. Vergleichen Sie Ihr Ergebnis mit einem Partner, präsentieren Sie anschließend im Viererteam.
2. Nehmen Sie Stellung zum Thema »Die Schöpfung ist noch nicht fertig – Gottes Vollendung steht noch aus, aber der Mensch trägt die Verantwortung« und entwerfen Sie Konsequenzen für das Handeln des Einzelnen. Arbeiten Sie zunächst eigenständig, anschließend mit einem Partner und bereiten Sie abschließend wieder zu viert eine Präsentation vor.

Zur Diskussion:
Reagieren Sie angemessen auf die Aussage »Schöpfungstheologie im 21. Jahrhundert? – Ich glaube an Urknall und Evolution!«.

Zum Weiterlesen:
Jürgen Moltmann, Gott in der Schöpfung. Ökologische Schöpfungslehre, Gütersloh 2002.

M2 Die Offenbarung – Preisen und Hoffen

Kompetenzen: *Ausdrucksformen des Christentums wahrnehmen (Wahrnehmungskompetenz), Glaubensdokumente in Beziehung zur eigenen Lebenswelt setzen, religiöse Zeugnisse verstehen und historische Bedingungen erkennen, christliche Sprache und religiöse Zeichen des Christentums verstehen (Deutungskompetenzen)*

Zum Einstieg:
Leicht im Internet zu finden sind Bilder zur Thronsaalvision (Offb. 4f) oder zur Erscheinung des Himmlischen Jerusalem (Offb. 21f).

Zum Erarbeiten:
1. Suchen Sie sich einen Partner: Eine/r liest Offb. 4f, der/die Andere Offb. 21,9–22,5. Visualisieren Sie Ihren Text und stellen Sie Ihre Ergebnisse einander vor.
2. Beurteilen Sie folgende Auffassung des Theologen Martin Ebner: Mit dem Sueton-Text sowie der Gemma Augustea »haben wir eine Leitspur gefunden, nach der sich die Choreographie der Thronsaalszene in Offb. 4–5 ausrichtet«.
3. Erheben Sie aus dem Text Ebners Anhaltspunkte, inwiefern die Vision des Sehers Johannes in Offb. 22f auf den Alltagserfahrungen und auf der Lebenswelt eines antiken Menschen des 1. Jh. n. Chr. beruht. Beurteilen Sie auf diesem Hintergrund die Absicht der Offenbarung.
4. Entwerfen Sie eine Vision, wie sie Johannes heute zeichnen würde – in Aufnahme heutiger Erfahrungen und moderner Lebenswelt.

Zum Weiterlesen:
Martin Ebner/Elisabeth Esch-Wermeling (Hg.), Kaiserkult, Wirtschaft und spectacula. Zum politischen und gesellschaftlichen Umfeld der Offenbarung, Göttingen 2011.

M 1 Die Schöpfung – Bewahren und Hoffen

Das Thema »Schöpfung« kehrt in der Bibel immer wieder. Die bekanntesten Schöpfungstexte stehen zweifellos ganz am Anfang: die beiden Schöpfungserzählungen in Gen 1 und 2. Hier ist Gottes ursprüngliche Absicht mit der Schöpfung beschrieben: eine gute Ordnung, friedvoll und mit dem Menschen als Bewahrer ebendieser Ordnung (vgl. Gen 1,27f). Es handelt sich hierbei um die so genannte *creatio originalis*, die Schöpfung wie sie von Gott gewollt und beabsichtigt war.

Ein weiterer Schöpfungstext findet sich beispielsweise in Ps 104. Dieser beschreibt die Schöpfung, wie sie der Mensch erleben kann: ein von Gott geschaffener, geordneter Schutzraum für den Menschen, an dem dieser sich erfreuen kann. Doch weiß der Psalm durchaus auch davon zu berichten, dass nicht alles ausnahmslos gut ist in dieser Schöpfung (vgl. Ps 104,35). Gemeint ist hier die so genannte *creatio continua*, die kontinuierlich erhaltene und bewahrte Schöpfung. Durch den Segen Gottes ist sie mit der *creatio originalis* verbunden, jedoch durch Eindringen der Sünde und des Bösen in die Schöpfung Gottes von ebendieser auch getrennt.

Als Schöpfungstexte sind auch Offenbarung 21 oder Röm 8,17ff zu begreifen, wo es um die Beschreibung der »Zukunft« geht, sozusagen um die *creatio nova*, die Realisierung der ursprünglichen Schöpfungsabsicht.

Dass die derzeitige Schöpfung nicht das letzte Wort ist, sondern dass ihre Vollendung noch aussteht, ist der hoffnungsspendende Aspekt biblischer Schöpfungstheologie. Die *creatio nova* ist getrennt von der *creatio continua* durch das göttliche Gericht des Jüngsten Tages, doch mit ihr zugleich verbunden aufgrund des Versprechens der Auferstehung, die sich in Jesus Christus bereits realisiert hat.

Die Aufgabe ist somit, die *creatio continua* durch Bewahrung der *creatio originalis* zur *creatio nova* hin zu öffnen, diese vorzubereiten.

M2 Die Offenbarung – Preisen und Hoffen

Sueton, Nero 13:

Um die Tempel am Forum waren mit Waffen ausgerüstete Kohorten aufgestellt; Nero residierte in Gestalt eines Triumphators zwischen Feldzeichen und Standarten auf dem Thron bei der Rednerbühne. König Tiridates stieg die erhöhte Bühne zu ihm hinauf und fiel auf die Knie. Nero hob ihn mit der Rechten empor und gab ihm einen Kuss. Nach der Bittstellung nahm Nero dem Tiridates die Tiara vom Kopf und setzte ihm ein Diadem
5 auf. Dann führte er ihn ins Theater und nach erneuter Demutsgeste setzte er ihn direkt neben sich zur Rechten.

© Kunsthistorisches Museum, Wien. Gemma Augustea (Edelsteinrelief), 1. Jh.:
Auf dem Thron sitzend die Göttin Roma und daneben Augustus, der Kaiser auf Erden, umgeben von Gefolge; darunter römische Soldaten, die ein Siegesmal aufrichten, beobachtet von gefesselten bzw. an den Haaren herbeigezogenen Unterworfenen.

Martin Ebner: Himmlische Politik

Die römische Stadt entspricht im Bauplan einem Heerlager. Da führen von den vier Toren aus die Hauptstraßen im Achsenkreuz genau zur *principia*, dem administrativen und religiösen Zentrum des Lagers, zum
5 »Oberkommando«. In der Stadt liegt genau an dieser Stelle das Forum, wo neben Tempeln die Basilika steht, in der römisches Recht gesprochen wird.

[…] Jeder antike Leser kann sich aufgrund seiner Alltagserfahrung den Stadtplan des himmlischen Je-
10 rusalem sofort vorstellen: Die drei mal drei Hauptstraßen durchziehen die Stadt in einem Quadrat-Muster und gliedern sie in insgesamt 16 Viertel. Alle Bewohner haben einen (fast gleichen) nahen Zugang zu einer der vielen Hauptstraßen. Aber ein Kommandozentrum gibt es nicht mehr. 15

[…] Normalerweise baut man mit Ziegel, Lehm, Stein, Holz und Mörtel. Augustus wird […] gerühmt, Rom […] in Marmor gekleidet zu haben. Eine Marmorstadt ist das Ideal einer Königsstadt […]. Im himmlischen Jerusalem dagegen sind die Mauern aus Jaspis, 20 die Tore aus unvorstellbar großen Perlen, dem kostbarsten Material der Antike, die Grundsteine aus erlesenen Edelsteinen, die Innenstadt aus reinstem Gold.

Bernhard Heininger (Hrsg.) Mächtige Bilder. Stuttgarter Bibelstudien Band 225 © Verlag Katholisches Bibelwerk GmbH, Stuttgart 2011